Fundamentalismen in Europa

THEOLOGISCH-PHILOSOPHISCHE BEITRÄGE ZU GEGENWARTSFRAGEN

Herausgegeben von Susanne Dungs, Uwe Gerber, Lukas Ohly und Andreas Wagner

BAND 15

Zu Qualitätssicherung und Peer Review der vorliegenden Publikation

Die Qualität der in dieser Reihe erscheinenden Arbeiten wird vor der Publikation durch die Herausgeber der Reihe geprüft.

Notes on the quality assurance and peer review of this publication

Prior to publication, the quality of the work published in this series is reviewed by the editors of the series.

Uwe Gerber

Fundamentalismen in Europa

Streit um die Deutungshoheit in Religion, Politik,
Ökonomie und Medien

Bibliografische Information der Deutschen Nationalbibliothek
Die Deutsche Nationalbibliothek verzeichnet diese Publikation
in der Deutschen Nationalbibliografie; detaillierte bibliografische
Daten sind im Internet über http://dnb.d-nb.de abrufbar.

Gedruckt mit freundlicher Unterstützung des
Vereins für Ethische Urteilsbildung.

Umschlagabbildung:
Albrecht Genin, aus dem Unikat-Buch PLUS ULTRA mit 68 übermalten Seiten,
2005-2009, die Seiten 52-53.
Mischtechnik über Druckseiten, 18,5x12cm.
Galerie Horst Dietrich, Berlin.

Gedruckt auf alterungsbeständigem,
säurefreiem Papier.

ISSN 2194-1548
ISBN 978-3-631-65778-2 (Print)
E-ISBN 978-3-653-05121-6 (E-Book)
DOI 10.3726/978-3-653-05121-6

© Peter Lang GmbH
Internationaler Verlag der Wissenschaften
Frankfurt am Main 2015
Alle Rechte vorbehalten.
Peter Lang Edition ist ein Imprint der Peter Lang GmbH.

Peter Lang – Frankfurt am Main · Bern · Bruxelles ·
New York · Oxford · Warszawa · Wien

Das Werk einschließlich aller seiner Teile ist urheberrechtlich
geschützt. Jede Verwertung außerhalb der engen Grenzen des
Urheberrechtsgesetzes ist ohne Zustimmung des Verlages
unzulässig und strafbar. Das gilt insbesondere für
Vervielfältigungen, Übersetzungen, Mikroverfilmungen und die
Einspeicherung und Verarbeitung in elektronischen Systemen.

Diese Publikation wurde begutachtet.

www.peterlang.com

Inhaltsverzeichnis

Vorwort 7

Kurzbeschreibungen der Kapitel 17

   I. Intention und Rahmen der Untersuchung 21

  II. Fundamentalismus: Begriff - Ausweitungen
      und Eingrenzungen 27

 III. Einige exemplarische Befunde 33

 IV. Die Frage nach Kriterien für Fundamentalismus 39

  V. Gesellschaftliche Entwicklungen und Hintergründe 47

      1. Pluralisierung contra den ‚roten Faden'
         eines Glaubensfundamentes 48
      2. Traditionsverlust und Suche nach anderen Sicherheiten 50
      3. Neue ‚Fromme' 52

 VI. Fundamentalismus in unserer Gesellschaft 55

VII. Historische Entwicklungen des (protestantischen)
      Fundamentalismus 59

VIII. Fundamentalisierende Elemente im Protestantismus 65

      1. Persönlicher Frömmigkeitsstil 65
      2. Grundlegende Lehren 72
      3. Vergemeinschaftungsstile 80
      4. Moral-Vorstellungen 83
      5. Weitere Aspekte 86

6. Diffamieren als Methode..........88
  7. Wunder-Glaube als Testfall..........89
  8. Frömmigkeit der Heils-Tatsachen..........92
  9. Die Bibel als Wissenschaftsbuch..........94
  10. Ein kurzer Blick über die Grenze Europa hinaus..........95

IX. Die Diskussionen um Fundamentalismus „totaler Mitgliedschaft", um Monotheismus als gewalttätigen Fundamentalismus, um den „Raffinierten Fundamentalismus von links" und den islamistischen theokratischen IS-Fundamentalismus..........99

  1. "Fußnote über Ursprünge und Wandlungen totaler Mitgliedschaft" (Peter Sloterdijk)..........100
  2. Intrinsische Gewaltförmigkeit des Monotheismus (Jan Assmann)..........104
  3. Der „raffinierte Fundamentalismus von links" (Hans Joas zu John Milbank)..........108
  4. Der islamistische theokratische IS-Fundamentalismus (These von Hamed Abdel-Samad zum islamistischen Faschismus)..........110

X. Narzisstische Kränkungen, Ohnmachtserfahrungen und Allmachtstreben als Wege ins Fundamentalisieren..........113

  1. "Die Geburt und die Krise des Glaubens an die Allmacht des Menschen" (Horst-Eberhard Richter)..........113
  2. Leben mit Ersatzautoritäten (Hans-Joachim Maaz)..........116

XI. Kritische Würdigung des protestantischen Fundamentalismus im Streit um die Moderne: 11 Stellungnahmen..........121

XII. Einige Hinweise zu einem aufgeklärten Umgang mit Fundamentalismus..........125

XIII. Eine theologische Nachlese..........139

XIV. Literatur..........145

Vorwort

Eines der brennendsten, wenn nicht das brennendste Problem unserer Zeit ist das Erstarken *fundamentalisierender Einstellungen* in Europa und weltweit. Dieses *Fundamentalisieren* und *Vereindeutigen* hat alle Lebensbereiche mehr oder weniger stark ‚kolonialisiert'. Die Wurzeln dieses ‚modernen' Fundamentalismus liegen in unserem Kulturbereich im Umbruch des ausgehenden Mittelalters zur Neuzeit. Und sie sind intensiver, umfassender und globaler geworden durch Schübe wie die Aufklärung, wie Kolonialismus, Migrationen, Industrialisierung, Kapitalismus, Verwissenschaftlichung und mit der sich von nahezu allen Überlieferungsbeständen und Normativitäten abkoppelnden Post-Moderne. Der neuzeitliche Mensch erfährt den Fundamentalismus als eine mögliche Antwort auf den Pluralisierungs- und Komplexitätsschub insofern am eigenen Leibe, als er mit seiner bislang monistisch und fortschreitend vorgestellten, nahezu allmächtigen Vernunft jetzt schmerzlich an deren Grenzen stößt. Die Grenzen liegen hinter oder vor dieser Vernunft, außerhalb ihrer Reichweite und lassen etwas jenseits der bisherigen Ordnung Zustoßendes hereinbrechen: etwas Fremdes, das sich auch nicht mehr durch Annäherungen erfassen lässt. Mit der Unfassbarkeit des Erdbebens von Lissabon 1755 setzte die Moderne ein, und mit dem unfassbaren Massenmord von Auschwitz endet die Moderne (so Neiman 2006, 18). Sinn wird den Neuzeitlichen fremd, sie müssen ihn sorgenvoll und eigenverantwortlich erringen. Diese Fremd-Erfahrung mag z.B. in Luthers Deus absconditus, dem verborgenen, fremden Gott angelegt gewesen sein, ihren eigentlichen Hereinbruch und Aufstieg nahm sie ab dem 18. Jahrhundert. Und mit ihr zog zugleich der neuzeitliche Fundamentalismus herauf als Abwehr des Fremden durch vereindeutigendes Einverleiben, z.B. schon in den Theodizee-Vorschlägen von Gottfried Wilhelm Leibniz (1646-1716). Ineins mit dieser Aufsplittung des monistischen Vernunftkonzeptes durch die leiblich-sinnliche Erfahrung des Fremden und dessen fundamentalistischer Zurückweisung wandelte sich ebenfalls im 18. Jahrhundert die Rolle des Subjektes: „Das ‚Subjekt', das allem, was ist, zugrundzuliegen schien und das sich als Ort oder Träger der Vernunft betrachtete, leidet unter einem *Selbstentzug*, der durch keinen reflexiven ‚Rückgang zu sich selbst' wettzumachen ist. Kurz gesagt: es gibt keine Welt, in der wir je völlig heimisch sind, und es gibt kein Subjekt, das je Herr im eigenen Hause wäre" (Waldenfels 1998, 37). Und dieser teils befreienden, teils niederschmetternden Erfahrung und Einsicht begegnete man im christlichen Bereich entweder mit dem entsicherenden Entwerfen individueller Glaubensweisen und Lebensstile oder mit stärkerer Anpassung an die Kirchentraditionen bis hin zu solchen Gruppierungen, die sich explizit fundamentalisierend wehrten und abschirmten.

Die vorliegende Beschäftigung mit diesem äußerlich vielgestaltigen, aber seiner inneren Dynamik nach monistischen Fundamentalismus lässt sich dem Inhalt und dem Vorgehen nach in vier Thesen darstellen (wobei im Folgenden der Akzent nahezu ausschließlich auf Europa liegen wird):

These 1: Der im Folgenden als ‚modern' bezeichnete Fundamentalismus entstand mit der Pluralisierung und Individualisierung im Zuge der Neuzeit, z.B. in Form von evangelikalen Gruppierungen des Protestantismus, die sich, wie z.B. der Pietismus, gegen die enge Verzahnung von institutioneller Kirche und staatlicher Obrigkeit wandten und den Glauben an die individuellen Erfahrungen und das persönliche Erleben banden. So sorgte der Pietismus „für einen Individualisierungsschub auf dem Felde der Religion. Da Pietisten (sc. wie Freikirchler und ‚Erweckte', Quäker, strenggläubige Reformierte u.a.) auch staatliche Verfolgungen zu erleiden hatten, verband sich diese religiöse Individualisierung mit einer institutionenkritischen Haltung, die gleichermmaßen kritisch gegenüber der Kirche und dem Staat war" (Schieder 2001, 121). Gegenüber dem ‚modernen' Fundamentalismus sind mit dem ‚vorneuzeitlichen' Fundamentalismus hierarchisch strukturierte Monosysteme mit exklusiven Wahrheitsansprüchen gemeint, z.B. der römische Katholizismus.

These 2: Dieser ‚moderne' Fundamentalismus ist aus verschiedenen Anstößen erwachsen, nämlich aus der Reformation im 16. Jahrhundert und aus der 1648 politischerseits erzwungenen Aufspaltung des Christentums in die drei Konfessionen – ein Begriff aus dem 19. Jahrhundert - des römischen Katholizismus, des Luthertums und des Reformiertentums (und des Anglikanismus in England) und den folgenden Aufspaltungen des

Protestantismus durch Erweckungsbewegungen, Freikirchen, evangelikale Strömungen. So wird die scheinbar paradoxe Einsicht verständlich, dass die „Durchsetzung der Religionsfreiheit … ein wesentlicher Beitrag des Freikirchentums zur *Herausbildung der modernen pluralistischen Gesellschaft"* ist - ineins mit der reaktiven Ausbildung von Fundamentalismen (Geldbach 1986, 1360). Zugleich mit diesen religiösen Wurzeln haben die kulturellen Reformbewegungen des Humanismus und der Renaissance im Verbund mit der Selbstbefreiung des ‚neugierigen' neuzeitlichen Menschen den ‚modernen' Fundamentalismus hervorgebracht (Blumenberg 1966).

These 3: Der ‚moderne' Fundamentalismus hat mit der Pluralisierung, Individualisierung und Fragmentierung der neuzeitlichen Lebenswelt alle Lebensbereiche schleichend oder offen aggressiv ‚kolonialisiert', von der christlichen Religion über Politik, Kapital, Medien bis zum Postulat einer alternativlosen Leitkultur. Auf diese gesellschaftlichen Aufsplitterungen, Fragilitäten und Verunsicherungen antwortet(e) der ‚moderne Individuierte' als der auf sich selbst gestellte Vereinzelte mit Angst, die sich im Fundamentalisieren und Vereindeutigen äussern kann – oder in aufgeklärtem Umgang mit der Angst (Richter 2005, 189ff.; Stossel 2014).

These 4: Im Blick auf das Christentum steckt der Protestantismus in Europa und auf andere Weise in USA, Lateinamerika, Afrika (Graf 2014, 129ff., 237ff.) im Kampf um die Vorherrschaft und Deutungshoheit. Der römische Katholizismus hingegen steht als ‚vorneuzeitlich-fundamentalistische' Organisation, als ein klassisch metaphysisch geprägtes ‚System' noch vor seiner Auseinandersetzung mit dem ‚modernen' Fundamentalismus, weshalb er im Folgenden nur unter diesem Aspekt zu Worte kommen wird.

Diese vier (holzschnittartig formulierten) Thesen gilt es im Folgenden auszuführen mit der Intention, sich offen und kritisch-aufklärerisch mit dem komplexen Phänomen des Fundamentalismus auseinander zu setzen und ihm entschieden zu widerstehen durch nicht-fundamentalistische, demokratische, rechtsstaatliche Argumentationsfiguren und Verhaltensweisen. Der „neuen religiösen Intoleranz" gegenüber fremden Religionen, die auch z.B. Martha Nussbaum entdeckt (Nussbaum 2014), kann nicht mit Gewalt und Zwang, sondern nur mit Achtung, Verständnis, verantwortungsvoller Wahrnehmung und Phantasie begegnet werden (Graf 2014, 243ff., 246ff.). Deswegen ist die normalerweise praktizierte Einstellung der Kirchen und anderer Glaubens- und Weltanschauungsgemeinschaften z.B. zum Religionsunterricht dann fatal, letztlich vorneuzeitlich-fundamentalistisch, wenn sie den Religionsunterricht deswegen nach Konfessionen, Religionen, Weltanschauungen getrennt haben möchten, weil die Kinder zuerst ein protestantisches, römisch-katholisches, jüdisches, muslimisches usw. *Glaubensfundament* haben müssen, bevor sie in Dialoge mit anderen Konfessionen, Religionen usw. eintreten. (Die römisch-katholische Kirche spricht deswegen vom ‚Kirchenschatz' als Glaubensfundament.) Aber entstehen die verschiedenen religiösen und weltanschaulichen Deutungen nicht von Anfang an dialogisch, fragend und antwortend, gestisch und mimisch, aufnehmend und ablehnend? Glauben geschieht protestantischem Verständnis gemäß als Antworten auf Widerfahrnisse, die der Zweifelnd-Glaubende auf seine und ihre Weise als Gottes-Begegnungen deutet. Fundamentalismus und Vereindeutigung können hier keinen Platz finden (Gerber 2013, 51ff.).

Fundamentalismus ist ein (Gegen-) Produkt der neuzeitlichen Pluralisierung und Ausdifferenzierung des bis dahin relativ einheitlichen christlichen Glaubens-, Meinungs- und Lebensstils in typisch westlich kulturierten Gesellschaften. Begonnen hat dieser Prozess mit der Abwehr reformerischer, emanzipatorischer Protest- und Aufbruchsbewegungen gegen Ende des Mittelalters durch die römisch-katholische Kirche und mit ihr verbundener Herrscher – exemplarisch sichtbar am Konzil in Konstanz 1414-1418 mit der Verbrennung von Hus und dann in der Verfolgung Luthers - und durch die Wende des neuzeitlichen Menschen zur humanistischen Autonomie. Aus „dem Antrieb der humanen Selbstbehauptung gegenüber dem theologischen Absolutismus des ausgehenden und nachwirkenden Mittelalters" sind die bestimmenden Attribute der Neuzeit herzuleiten (Blumenberg 1966). Diese Attribute wie Freiheit, Gleichheit, Solidarität, aber auch ebenso rationale Vergewisserung, Leistung, Fortschritt sind als Dynamiken den neuzeitlichen Selbstfreisetzungsprozessen der Menschen aus den beiden Normenbereichen der göttlichen Vorsehung einerseits und der kulturellen Gewissheiten andererseits eingeschrieben. Diese anfängliche „Icherweckungsbewegung" spaltete sich immer wieder auf in die beiden Erscheinungsseiten einer von Gott angestossenen ‚frommen' Selbsterweckung durch Bekehrung und einer „Ich-Jagd" als Suche nach sich selbst im Sinne von Erlöstseinwollen statt von Erlösung (Gross 1999, 264, 278, 294; Gross 2007, 1-11). Indem der neuzeitliche Mensch

Selbstgewissheit – paradox wie auch bei Luther – nur als prinzipielle Ichungewissheit leben kann, macht er entweder diese Gratwanderung oder er flüchtet in Fundamentalismen und Vereindeutigungen aller Art. Als 1648 seitens der politischen Herrschaft die drei christlichen Konfessionskirchen der Römisch-Katholischen, der Lutheraner und der Reformierten (und in England der Anglikaner) etabliert wurden, antworteten diese ihrerseits darauf mit ‚konfessionalistischer Orthodoxie' und schworen ihre Gemeinden auf verbindliche, bewährte Bekenntnisse ein. Sie reagierten auf erste scharfe Kritiken z.B. an der Trinitätslehre, an der Vorstellung vom stellvertretenden Sühnetod Christi und am Glauben an die Auferstehung von den Toten am Ende der Zeiten mit Gegenreformation als verpflichtender Bewahrung der konfessionsgebundenen Tradition. Die bis dahin ziemlich monolithische christliche Religionslandschaft splitterte sich auf in der Bandbreite von ganz ‚Frommen' über die fraglos Kirchentreuen bis zu Christentumskritikern, zu denen ab der Zeit der Französischen Revolution 1789 Atheisten und ab dem 20. Jahrhundert sogenannte Konfessionslose hinzukamen (Barth 2013; Gerber 2013, 7f.; Schilling 1999; Schilling 2013, 612-636).

Auch in Politik und Kultur riefen die Pluralisierungs-, Individualisierungs- und Enttraditionalisierungsschübe vor allem der Aufklärung Abwehr und reaktionäre Gegenbewegungen hervor. Aus dem englischen und angloamerikanischen Christentum drängten Erweckungsbewegungen mit strenger Rechtgläubigkeit und asketischer Lebensführung in den europäischen Protestantismus ein, die der rationalistischen Verfasstheit kirchlichen Glaubens und Lebensstils einen persönlichen, lebendigen Heilsglauben gegenüber stellten. Anders als das zivil-bürgerliche Luthertum schöpfte der Calvinismus aus der „Tradition der obrigkeitsunabhängigen Untergrund-, Flüchtlings- oder Freikirchen und aus dem maritimen und libertären Charakter Westeuropas, insbesondere der niederländischen Handelsrepublik" (Schilling 2013, 626). Die frühneuzeitlichen Stadt-, Landes- und Nationalkirchen (wie z.B. in Dänemark und Schweden) und die vornehmlich lutherischen gemeindekirchlichen Organisationsformen bremsten die Freiheit des Christen zu selbstbestimmtem Handeln. Fundamentalismus liegt dann in der Luft, wenn sich Christen aus Kircheneingrenzung und theologischem Rationalismus und Konfessionalismus zu befreien versuchen um eines ‚frommen' Glaubenslebens willen im entschiedenen Akzeptieren der

Heilstaten Gottes und im bußfertigen Gehorsam gegenüber Gottes Geboten. Der Katholizismus versuchte sich gegen die pluralisierende Moderne durch die Betonung der seit Jesus Christus und den Aposteln durch die Kirche tradierten Lehre, Moral, Liturgie und Hierarchie abzuschirmen. Trotz aller nachtridentinischer Erneuerungsversuche, etwa durch das Wirken von Ignatius von Loyola (1491-1556) und den Begründer vieler Jesuiten-Kollegs und Vertreter der Gegenreformation Petrus Canisius (1521-1597), blieb und bleibt der römische Katholizismus hierarchisch-organisatorisch, ‚sakramentalistisch‘, lehr- und moralmäßig in vorneuzeitlichen Strukturen und Argumentationsmustern. Er konnte und wollte mit seinen Mauern wie z.b. dem 1870 als unfehlbar deklarierten Papstamt, dem Exklusivanspruch *extra ecclesiam nulla salus,* der hierarchisch-patriarchalen Kircheninstitution mit ihrem selbstreferentiellen Priestertum, Messkult und Heiligenverehrung, mit der Vorstellung der sakramental vermittelten realen Gegenwart Gottes in der Eucharistie u.a. bis heute nicht das Integral eines eigenen, nämlich vormodernen Fundamentalismus abstreifen (Häring 2013, 38), der sich in den letzten Jahren z.B. in der Ablehnung von Ehen homosexueller Menschen mit dem ‚modernen‘ Fundamentalismus der protestantischen Evangelikalen im europäischen Raum berührt. Dem Katholizismus steht aber die Diskussion mit dem ‚modernen‘ Fundamentalismus erst noch bevor. Auch Papst Franziskus stellt an keiner Stelle das Monolithische, das vorneuzeitliche Fundamentale in Frage, sondern versucht, dieses inhaltlich wie wissenschaftstheoretisch vorneuzeitliche römisch-katholische Kerngehäuse mit modernen Event-Mitteln in einer Weise zu präsentieren, dass das Inhaltlich-Verbindliche im Hintergrund bleiben und der Anstrich des Zeitgemäßen Gefallen finden kann. Die gesteigerte Lust an solchen öffentlichen Erregungsevents verdeckt sowohl eine wachsende Orientierungs- und Ratlosigkeit in Kirche(n) und Gesellschaft als auch das Christlich-Inhaltliche in seinem Widerspruchscharakter zur spätmodernen Kopier- und Nachahmungskultur, die sich – paradox gemäß der Spätmoderne – gegen ihre andere Seite des Improvisierens und Experimentierens gerade in Glaubenssachen stellt.

Der ‚moderne‘ Fundamentalismus unterscheidet sich von vorherigen Totalitarismen und Autoritarismen eines einheitlichen christlichen Glaubens- und Lebensstils in Lehre, Lebensführung und Mitgliedschaft durch den wirkungsgeschichtlichen Hintergrund der Pluralisierung und der (Selbst-)

Freisetzung des spätmittelalterlichen Menschen. Jetzt kann und muss der Einzelne angesichts vieler, sich bisweilen widersprechender Sinngebungsangebote einer Multioptionsgesellschaft entscheiden (lernen) (Gross 1994, 364ff.), was und wie er und sie glauben, denken, leben möchten. Und wer seine Entscheidung für die absolut und exklusiv richtige erklärt und mit Eifer verlangt, dass sie von allen anderen übernommen werden muss (einschließlich der Androhung von Exkommunikation, Strafgericht, Straflager, Ausschluss aus der Gesellschaft u.ä.), den wird man als Fundamentalisten bezeichnen und behandeln. Pluralismus ist der Ausdruck grundgesetzlich verbürgter Freiheit des Einzelnen und entsprechend vieler Möglichkeiten des Glaubens, Meinens und Lebens. Und zugleich kann sich auf seiner Rückseite Fundamentalismus breit machen. Beide Umgangsweisen mit Pluralismus bringen die demokratische Notwendigkeit für alle Bürger und Bürgerinnen, im Rahmen einer rechtsstaatlich und freiheitlich zu gestaltenden Gesellschaft und im Dialog mit dem weltanschaulich (und ethisch) neutralen Staat den Anderen und die Anderen in ihrer Würde zu achten und entsprechend Fundamentalismus als undemokratische Einstellung nicht zuzulassen.

Das damit angesprochene religionspolitische Problem besteht im grundgesetzlich formulierten Ausschluss sowohl einer Theokratie, indem die Religion durch ihre Führer die Richtlinienkompetenz innehat und den Staat beherrscht, oder umgekehrt einer Staatsreligion, indem der Staat die Religion vorschreibt und kontrolliert, als auch eines Laizismus, indem der neutrale Staat die öffentlichen Geschäfte führt und Religion grundsätzlich dem Privatbereich zugeschlagen wird. Alle drei Formen bergen verschiedene Gefahren des Fundamentalisierens: Alleinherrschaft einer Religion, Herrschaft des Staates mit ihm unterstellter Religion und Herrschaft des Staates unter Ausschluss der Religion(en). Der deutsche Sonderweg sieht ein „balanciertes Verhältnis" oder besser: ein balancierendes Verhältnis vor als einen permanenten rechtsstaatlich-demokratisch zu führenden Dialog zwischen dem ‚neutralen' Staat und den Religionsgemeinschaften. Diese Festlegung muss und kann über die bisherige Focussierung auf christliche Konfessionen und das Judentum hinausgeführt werden auf islamische Religionsgemeinschaften und ebenso auf Weltanschauungsgemeinschaften, sofern sich diese im Rahmen des Grundgesetzes bewegen (Gerber 2006, 207ff., mit Literatur). Der gewissermaßen umgekehrte

Weg, eine Zivilreligion als religiöses Substrat, religiösen Minimalkonsens und verpflichtende Leitkultur unabhängig von Religionsgemeinschaften als ‚öffentliche Religion' zu etablieren, wäre fatal im Sinne einer künstlichen Polit-Religion (Schieder 2001, 138-140). Hier sind Parlament und Regierung ebenso zur Formulierung und Etablierung eines zeitgemäßen Religionsverfassungsrechtes herausgefordert wie Kirchen, Religionen, Weltanschauungsgemeinschaften im Wissen darum, dass wir im christlich geprägten Europa und speziell in Deutschland eine religiöse Sondersituation haben im Blick auf die globale Religionen-Karte.

Hinter der vorliegenden Analyse, Beschreibung und kritischen Würdigung des vornehmlich behandelten christlichen Fundamentalismus im *protestantischen* Bereich und weitergehend eines alle Lebensbereiche kolonialisierenden ‚modernen' Fundamentalismus in Europa stehen wissenschaftliche und ebenso lebensorientierende Interessen. Die Quellen waren die Lektüre fundamentalistischer Schriften und Schriften über Fundamentalismus, der Umgang mit entsprechenden Medien wie TV und Internet, religiöse und politische Alltagserfahrungen, etwa das persönliche, in liberaler Distanz geschehene Erleben des schwäbischen Pietismus mit seinen ‚Stunden', Regeln, Schriften und Bräuchen, dann unangenehme Anfeindungen durch Evangelikale in Diskussionen, durch Presse und in Form ungehöriger Leserbriefe, interessante Begegnungen mit Freikirchlichen und besonders mit Mennoniten als eine Linie meiner christlichen ‚Vorfahren', zähe Gespräche mit Rechthaberischen und unergiebiges Missioniertwerden durch bereits Erlöste. Hinzu kommen Wahrnehmungen von zunehmendem *politischem Fundamentalismus* durch Fundis in Parteien, Gremien und Verbänden in europäischen Staaten, z.B. der ungarische Orban-Neonationalismus mit antisemitischen Tönen, nationalistische und rechtspopulistische bis rechtsradikale Parolen und Aktivitäten in Deutschland, Frankreich, den Niederlanden und weiteren EU-Staaten, global z.B. Islamisten und islamistisch eingestellte Terrorgruppen, ein „sanfter Faschismus" national-hinduistischer Marschrichtung in Indien, linke und rechte Gewalt-Bündnisse zwischen Staaten mit unterschiedlichen Interessen. Fundamentalisierend wirkt die globale Verselbstständigung der *Ökonomie* und in ihrer Folge als „Macht-Wirtschaft" die alternativlose Übermacht der Finanzindustrie bei Gesetzgebungsprozessen z.B. in Berlin und in Brüssel (Berger 2014), der ständige Notschrei nach einer aus- wie eingrenzenden *Leitkultur* als Integration durch Zwangsharmonie und Vereindeutigung und sich totalitär gebärdende *Medien* am Beispiel NSA mit ihrem Allmachtskontrollwahn, den die Mehrheit sogar gerne mitmacht wohl als Befriedigung eigener Allmachtsphantasien im Netz. In meinem Buch „Wie überlebt das Christentum?" habe ich Beobachtungen und Gedanken zum „Vereindeutigen dieser Welt" durch Religionen, Weltanschauungen, Medien, Kapitalismus, Wissenschaftsgläubigkeit, durch politische Heilsversprechen und Fortschrittsideologien zusammengetragen (Gerber 2008, 153 – 189).

Für manche müde Gewordene und für neu Aktive geht die Postmoderne nach Meinung mancher Zeitgeistanalytiker zu Ende. Es gibt ihrer Beobachtung nach ein neuerliches Bedürfnis nach Sicherheit, Klarheit und Eindeutigkeit, weg von den bisweilen anstrengenden Ambivalenzen der Postmoderne (Bauman 2005). Der „Neue Realismus" in Philosophie, Soziologie, Architektur, Kunst und Alltagswelt soll der Gesellschaft leitkulturell aufhelfen, sie mit ‚realistischem' Klarblick versehen und nationale Geborgenheit schaffen. Tut sich hier eine neoautoritäre, neokonservative Vereindeutigungsbewegung auf, die unter dem Deckmantel von christlichen Werten, Humanismus und westlicher Identität neue Orientierungs- und Sicherheitsmuster und entsprechend neue Feinde kreiert? Wird dabei Religion, die bei uns (noch) vornehmlich durch das Christentum repräsentiert wird, nicht pervertiert, fundamentalisiert, wenn sie von frommen Apologeten, von entschiedenen Politikern, von eifernden Weltverbesserern verteidigt wird bis hin zum Ausschluss Andersglaubender und Andersdenkender? Dann würde das Christentum als fundamentalisierender Verteidiger christlicher Werte (eines christlichen Abendlandes) seinerseits zur Bedrohung für das jesuanisch-christliche Vermächtnis einer von Gott geschenkten Freiheit in Glauben, Denken und Handeln. In diesem Zusammenhang wird die kontrovers diskutierte Monotheismus-These des Ägyptologen Jan Assmann zu behandeln sein (Schieder 2014), dass nämlich Monotheismus in seiner mosaischen und entsprechend christlichen und islamischen Gestalt intrinsisch gewaltförmig sei und entsprechend Fundamentalismus, Exklusivismus, Gewalt bedeute.

Das Anliegen: Es geht im Folgenden um das Aufdecken der vielfältigen entdemokratisierenden und spaltenden Prozesse von Fundamentalisierung und Vereindeutigung in Deutschland im Kontext von Europa, ausgehend von der Entstehung eines christlichen Fundamentalismus und der nahezu gleichzeitigen (Selbst-) Freisetzung des Individuums in eine selbst zu gestaltende Welt am Beginn der Neuzeit bis hin zu einer alle Lebensbereiche durchdringenden Haltung des ‚modernen' Fundamentalisierens, Vereindeutigens, Absicherns, Ausschließens. Am Schluss wird der Versuch unternommen, einige Remedien zu formulieren und eine anti-fundamentalistische theologische Nachlese zu halten, stellen doch die verschiedenartigen Fundamentalisierungsprozesse eine abzuwendende Bedrohung unserer Demokratie und des entstehenden Europas mit der Religions-, Meinungs- und Lebensstilfreiheit dar.

Schopfheim/ Basel, im August 2014　　　　　　　　　　*Uwe Gerber*

Kurzbeschreibungen der Kapitel

Kap. 1: Fundamentalismus (F.) wird im Folgenden untersucht als konstitutives Phänomen der plural gewordenen Moderne mit der Individualisierung der Bürger und Fragmentierung der Gesellschaft. Dieser ‚moderne' F. verdankt seine Herkunft der Selbstentdeckung des spätmittelalterlichen Menschen und zugleich dem reformatorischen Protestantismus. Heute ‚kolonialisiert' er alle Lebensbereiche von der Religion über Politik, Ökonomie bis in die Medien. (Dem römischen Katholizismus mit seinem vorneuzeitlichen F. steht die Diskussion mit dem ‚modernen' F. noch bevor.)

Kap. 2: Der Begriff F. stammt von der Schriftenreihe *The Fundamentals* (von 1910 bis 1915) in den USA. Er ist in Deutschland erst nach dem 2. Weltkrieg vornehmlich in den kirchlichen Sprachgebrauch übergegangen und wurde dann auch ausgeweitet auf konservativ-rigoristische Einstellungen in allen Lebensbereichen. Diese Unschärfe haftet dem Begriff F. bis heute an (Joest 1983, 732; Graf 2014, 238-241). Mit F. ist im Folgenden also nicht die US-amerikanische christliche Bestreitung wissenschaftlicher Ergebnisse wie die Evolutionstheorie durch die ‚kreatianische' Vorstellung von der ‚realen' Erschaffung der Welt gemeint (Graf 2014, 166ff.), sondern das (in der europäischen Kultur geschehene und geschehende) Zurücknehmen der neuzeitlichen Pluralisierung der Glaubens-, Meinungs-, Handlungs- und Lebensstile zugunsten einer einzigen Wahrheit, die persönlich-individuell angeeignet wird.

Kap. 3: In allen Lebensbereichen drängen Fundamentalisten zur Deutungshoheit und Macht: ‚Fromme' in Religionen, Despoten in der Politik und Kultur, Neoliberale in der Ökonomie, NSA per Medien u.a.m.

Kap. 4: Als gängige Kriterien für Erscheinungen von F. werden genannt: Absolutheits- und Exklusivitätsanspruch, Wahrnehmungsblockaden (Tunnelblick), Ablehnung von Dialogen und Selbstkritik, oft mit rassistischen, sexistischen, ökonomistischen, wissenschaftspositivistischen Tendenzen, Abgrenzung gegen Andere als die Bösen im Sinne „gruppenbezogener

Menschenfeindlichkeit", verbunden mit Allmachts-, Verschwörungs- und Verfolgungsvorstellungen.

Kap. 5: F. ist ein Integral der pluralen, individualisierten, fragmentierten (westlichen) Moderne, in der Traditionen, soziale Bindungen, religiöse und kulturelle Muster ihre Begründungs-, Verpflichtungs- und Integrationskraft verlieren und Leerräume freigeben, die außer von einer wachsenden Beratungs- und Therapieindustrie auch von ‚Neuen Frommen' besetzt werden.

Kap. 6: Erscheinungsweisen von F. heute: universelle Herrschaft des Kapital-‚Systems', Wissenschaftsgläubigkeit, global kontrollierende Medien (NSA), Leitkultur mit eindeutigen Werten, Politik ohne Alternativen und ohne garantierte Beteiligung der Bürgerschaft u.a.m.

Kap. 7: Das Feld des religiösen und weltanschaulichen F. in Europa ist herkunfts- und wirkungsgeschichtlich breit gefächert und komplex: Erweckungsbewegungen aus dem angloamerikanischen Bereich, Pfingstgemeinden und Neopfingstler (als zweite Generation), Charismatiker- und Spirituellengruppen, vielfältige Freikirchen, Sondergemeinschaften, auch sektenähnlichen Gruppierungen, verschiedene Formen des Pietismus. Alle diese Richtungen treten in strengen und gemäßigten Formen auf, mit F., aber auch mit offener Gesprächsbereitschaft. Sie verbünden sich zu Großgruppen wie z.B. die Evangelische Allianz auf der Welt-, Europa- und Deutschland-Ebene, sie haben Austausch mit Evangelischen Landeskirchen, dem Ökumenischen Rat der Kirchen in Genf und mit dem römischen Katholizismus und mit orthodoxen Christen (Robra 2008, 10-16).

Kap. 8: Der ‚moderne' F. weist im Protestantismus bestimmte Phänomene auf, die mehr oder weniger stereotyp vorkommen: Sündenbewußtsein, Bekehrung und Herzensfrömmigkeit, Errettung durch das stellvertretende Sühnopfer Christi, Glaube an die irrtumslose Bibel als höchste Autorität für Lehre, Moral, Lebenswandel. Daraus folgen Abgrenzungen gegen die ‚böse Welt', rigorose Normen vor allem für das Ehe-, Familien- und Sexualleben, bei den meisten Gruppen Mission, bisweilen (apokalyptisch aufgeladene) Naherwartung des Weltendes mit Gericht als endgültiger Scheidung der Guten und Verlorenen.

Kap. 9: F. „totaler Mitgliedschaft" herrschte (lt. Peter Sloterdijk) z.B. im Judentum bis ins 18. Jh. Mit der relativen Trennung von neutralem Staat und Kirche/Religionsgemeinschaften wird dieser Totalzugriff in ‚modernen'

Gesellschaften gleichsam halbiert auf Religionstreue und Staatstreue. Hier wird die These (des Ägyptologen Jan Assmann) zu diskutieren sein, inwieweit monotheistische Religionen (bei Echnaton, bei Mose, im Christentum und Islam) stets theokratisch orientiert und entsprechend durch ihre Exklusivitätsansprüche anderen Religionen und Weltanschauungen gegenüber gewalttätig sind.

Kap. 10: Inwiefern kann F. als eine individuelle wie gesamtgesellschaftliche „Zwangsneurose" (Sigmund Freud) des sich in einem Allmachtswahn von allen religiösen, kulturellen usw. Abhängigkeiten und Bevormundungen befreienden Menschen (Hans-Joachim Maaz) identifiziert werden? Wer Leiden verdrängt, geht den Weg eines (machohaften) Fundamentalisten (Horst-Eberhard Richter), oft innerpsychisch verbunden mit suizidalen und nach außen gekehrten Vernichtungsphantasien.

Kap. 11: Hier werden 11 Stellungnahmen aus aufklärend-kritischer Literatur angeführt.

Kap. 12: Dem alle Lebensbereiche kolonialisierenden F. kann man durch einen Perspektivenwechsel entkommen: weg von absoluten, monotheistischen Wahrheiten und vereindeutigenden Ideologien hin zu Sensibilität für menschliches fragiles Leben und Zusammenleben, für Relativität und Gewordensein, für Verletzbarkeit und Sterblichkeit; weg vom exklusiven, einsamen Spitzenplatz zu gegenseitiger Achtung und Kooperation (Zilleßen/Gerber: „Und der König stieg herab von seinem Thron", 1997); weg von infantilen Autnomie- und Allmachtsphantasien hin zu offener, kritischer Wahrnehmung der Anderen, der Welt als Schöpfung und seiner selbst als Geschöpf; speziell für Religiöse: vom metaphysischen, exkludierenden Mono-Theismus mit seiner projizierten Himmel-Überwelt zu Befreiungserfahrungen; weg von unfehlbaren Dogmen zu konsensuellen Wahrheiten; von Hierarchien zum ‚Priestertum aller Glaubenden'.

Kap. 13: Christentumsgeschichtlich-theologisch steht hinter dem modernen F. ein Gemisch einerseits aus traditionell-theistischen, als ‚objektiv' und universal gültig beanspruchten Gottes-Vorstellungen, die ein christliches selbstreferentielles, also geschlossenes System ohne Überraschungen und Fremdes bilden, und zugleich andererseits ‚subjektiv' aus existentiellen Formen der Aneignung, die die moderne Focussierung auf Individualisierung, Subjektivität und Entscheidung aufnehmen. Der Einzelne muss in geschichtsloser Nachahmung des Gleichzeitigen in Gestalt der ewig gleichen

Heilswahrheiten das Heil erwerben. Diesem ‚Erweckten' ist dann alles klar, nimmt er doch den Blick Gottes ein. Solche fundamentalisierende und vereindeutigende Praxis von Christentum kann nicht heilsam sein. „Nicht ein homo religiosus, sondern ein Mensch schlechthin ist der Christ, wie Jesus – im Unterschied wohl zu Johannes dem Täufer – Mensch war" (Bonhoeffer 1959, 248).

I. Intention und Rahmen der Untersuchung

Fundamentalismus wird hier als eine Erscheinung und als ein Prozess unserer westlichen Moderne behandelt, genauer: als eine rückwärtsgewandte, hinter die Aufklärung zurückgehende und Emanzipationsanliegen oft polemisch bekämpfende Protestbewegung gegen die Moderne in der Moderne (Stolz, Merten 1991, 24). In Zeiten und Räumen griechisch-römischer Kultur mit der Dominanz der dualistischen Metaphysik war das Verhältnis des Menschen zum Höchsten Sein (Gott, Logos) absolut, umfassend und bindend für die betreffende Gemeinschaft und Person. Das Verhältnis der Israeliten, des mit seinem Urvater Abraham von Jahwe erwählten und durch Mose auf diesen Bund verpflichteten und seither „wandernden Gottesvolkes" und dann seit der Rückkehr aus dem Babylonischen Exil 538 v. Chr. als Juden bezeichneten Religionsvolkes, und der nach Jesu Auftreten entstandenen Christenheit zum einzigen Gott war ebenso absolut bindend. Wer an einen anderen Gott, eine Göttin, an einen anderen Logos oder gar an ein als Fetisch greifbares Seinsprinzip glaubte, wurde aus der Glaubens-, Lebens-, Denk- und Kulturgemeinschaft ausgeschlossen.

Die ersten einschneidenden Individualisierungs- und Pluralisierungstendenzen und Reformbewegungen im Mittelalter nährten Zweifel an der monolithischen philosophisch-christlichen, onto-theologischen Wahrheit in ihrer griechisch-metaphysischen Einheitspräsentation. Vor allem die Bewegungen der Renaissance, des Humanismus und der protestantischen Reformation verschoben die Blickrichtung verstärkt auf den Menschen und seine wissenschaftliche Bemächtigung und Gestaltung der auch deswegen zu erforschenden Welt, weil diese in Bälde ihr Ende finden sollte (Fried 2001, 9ff.; Schramm 2004, 167ff.; Brague 2006, 95ff.).

Dem Protestantismus ist durch seine Focussierung auf die Person als Individuum vor Gott (coram Deo) ohne normative Vermittlung durch die Institution Kirche das *Problem des Fundamentalisierens* eingeschrieben. Sind nicht der ganz persönliche Glaube und seine individuelle theologische

Meinungsbildung und Handlungsgestaltung stets in dem Sinne ‚fundamentalistisch', als sie für den einzelnen Glaubenden unumstößlich gelten, frei nach Luther: Hier stehe ich, ich kann nicht anders – nur darf nicht der vereindeutigende Satz folgen: Alle Anderen müssen es ebenso machen! Das wäre totalitärer christlicher Fundamentalismus. Protestantischer Glaube in seiner Fassung als Antwort auf die zuvorkommende Versöhnung Gottes mit dem sündigen Menschen artikuliert sich schon immer individuell und damit häretisch in dem Sinne, dass der Glaubende in seiner von Gott geschenkten Freiheit seine Vorstellungen von Gott, Menschen und Welt, seine Lehren und Ethik (Zehn Gebote/ Dekalog) eigenverantwortlich und deswegen gerade nicht fundamentalistisch formuliert und lebt? Christsein heißt Befreit- und Entgrenztwerden in unseren begrenzten Gottes-Bildern und nicht das Vereindeutigen von Gottes-Vorstellungen, so „daß ich nicht über meinen Glauben verfüge und daher auch nicht einfach sagen kann, was ich glaube" (Bonhoeffer 1959, 261). Im strengen protestantischen Fundamentalismus wird Glauben wie ein Paket von Heilstatsachen verstanden, die Gott arrangiert hat und die nur den ‚Erweckten' in ihrer Bekehrung offenbart werden in ihrer Heilswirksamkeit. Im römischen Katholizismus wird Glaubenswahrheit als durch die Kirche und ihre Tradition bestimmte absolute und unfehlbare Wahrheit vor- und als thesaurus ecclesiae (Kirchenschatz) weitergegeben, sofern sie der Papst ex cathedra gesprochen hat. Diese beiden im Ansatz widerstreitenden christlichen Glaubensansprüche: der kirchenzentrierte ‚absolutistische' (vorneuzeitlich fundamentalistische) römisch-katholische und der reformatorisch-protestantische mit dem gleichen Anspruch auf ein christliches, jetzt aber protestantisches Abendland, konnten sich im 16. Jh. nicht friedlich ‚tolerieren' und mussten seitens der politischen Obrigkeit 1648 im Friedensvertrag von Münster/ Osnabrück zur offiziellen gegenseitigen Achtung gezwungen werden (Schilling 2013, 612ff.). Damit war eine erste ‚offizielle' Pluralisierung des bislang monolithischen christlichen Glaubens in drei Konfessionen (und den englischen Anglikanismus) vollzogen. In der Aufklärungsepoche kam der Anstoß hinzu, mit Juden und Muslimen als den abrahamitischen Geschwistern vernünftig umzugehen, geht es doch allen dreien um den einen Vernunft-Gott hinter diesen drei vorfindlichen Religionen. Gotthold E. Lessing versuchte in seinem „Nathan der Weise" mit der Ringparabel den einen Vernunft-Gott gleichsam als religiöses und kulturelles Integral und damit die Vorstellung einer letztgültigen Vernunft-Wahrheit in drei empirischen Glaubens- und Institutionsvarianten von Synagoge, Kirche und Moschee zu retten. Hier liegt beispielhaft der Übergangsschritt vom vorneuzeitlich -einheitschristlichen Fundamentalismus hin zum neuzeitlichen Fundamentalismus, wenn der Vernunft-Gott als seitheriger theistischer Garant wegfällt und die christliche Wahrheit als exklusive Wahrheit im pluralen Konzert der Heilsangebote gegen deren Ansprüche festgeschrieben, verantwortet, verewigt wird.

Die Französische Revolution von 1789 beschritt den umgekehrten Weg und machte das Christentum und überhaupt alle Religion(en), sofern sie nicht ganz verboten wurden, zur Privatsache des laizistischen Bürgers. (Die Revolutionäre ihrerseits gingen oftmals mit einem totalitären Vernunftgebrauch und rigorosen Tugendkult fanatisch-antikatholisch und antifeudal zu Werke – nicht weit entfernt von einem ‚Gegen-Fundamentalismus' (Sloterdijk 2007, 209).) Damit war die religiöse Entscheidungspalette reich gedeckt vom christlichen Kirchenglauben römisch-katholischer und protestantischer Provenienz und ersten Erweckungsangeboten vor allem aus dem anglo-amerikanischen Bereich, über Judentum, Islam und vereinzelten anderen Religionen wie Buddhismus, Hinduismus, Taoismus bis zum neuen Phänomen des Atheismus, der sich seinerseits wie in allen Religionen und Weltanschauungen in Linientreue, Suchende und fundamentalisierende Hardliner aufsplitterte, und den heute so genannten ‚Konfessionslosen' (Barth 2013, 15-22). Und im 19. und 20. Jh. kamen konkurrierende Sinngebungsangebote hinzu in Gestalt von Weltanschauungsgruppierungen wie Naturbünde, Theo- und Anthroposophie, dazu politische, ökonomische und kulturelle Ideologien wie Kommunismus, Nationalismus, Kapitalismus, Wissenschaftsgläubigkeit, und sektenhafte Gruppen mit Magie, Exorzismus, Opferkulten. Und im ausgehenden 20. Jh. fügten sich in diesen Reigen der heilsorientierten, religionsanalogen und ersatzreligiösen Versprechungen ein: Events wie Disco, Stadionbesuch der Fangemeinde und public viewing, auch allerlei Beratungsangebote einer Ratgeberindustrie (Illouz 2006), Therapietechniken für das geplagte, ermüdete Selbst mit und ohne Enhancements (Gerber 2013, 37ff.). Die Christlichkeit selbst der Christen verliert an Dynamik und Orientierungskraft: „Von Erlösung und Schuld, von Auferstehung Heil kann ja nur sinnvoll die Rede sein, wenn dieses – wie es die Theologie nennt – soteriologische Zentrum der

Erlösungsreligionen einen Sitz im Menschen hat, auf eine Befindlichkeit des Menschen bauen kann und darauf Antwort gibt... Dem ewigen Leben und dem erlösenden Gott ... steht der moderne Mensch, auch der durchschnittliche Christ, gleichgültig gegenüber. Nicht ewiges Leben, sondern Leben erleben, heißt die Devise. Nicht warten aufs Jenseits, sondern sich freuen am Diesseits. Nicht Erlösung von der Welt, sondern Versöhnung mit der Welt" (Gross 2006, 141).

Mit diesen gesellschaftlichen Entwicklungen wurde die Orientierungsfrage immer brennender: Wie kann man sich in dieser in Heil und Unheil unübersichtlich, individualistisch und zugleich plural gewordenen Gesellschaft zurechtfinden, wenn sich alles einschließlich Religionen permanent transformiert, wenn ständiges Sich-entscheiden-Müssen im Klima einer „irdischen Religion der Liebe" ansteht (Beck, Beck Gernsheim 1990, 222ff.)? Und wie kann man sich gegenseitig achten in Lehre, Moral und Institution? Wie verhalten sich Wahrheit und gegenseitige Achtung zueinander? Was bleibt von der himmlischen (christlichen) Gottes-Botschaft in der sich verselbstständigenden Welt für den unsicher gewordenen, auf sich selbst und seine Selbstinszenierung zurückgeworfenen und sich selbst managenden Menschen-Bürger übrig (Bröckling 2007, 278ff.; Gerber 2008, 29-33)? Wie kann Kirche mit der gesellschaftlichen Pluralität umgehen, wenn sie bei aller Binnenpluralität und Milieusensibilität doch die ‚eine' Kirche sein will, ohne dabei fundamentalistisch zu werden?

Der Protestantismus und auch seine ‚Frommen' und ‚Erweckten' haben versucht, die ambivalenten Modernisierungsschübe wie Individualisierung, Subjektivierung, Privatisierung und Entsozialisierung, Enthistorisierung und Enttraditionalisierung, Pluralisierung, auch partielle Säkularisierung und Transformationen und den dadurch auferlegten ständigen Entscheidungszwang aufzunehmen und mit den biblizistisch gewonnenen Glaubenswahrheiten im Horizont von Neuzeit und Moderne im Zueinander von eben diesen vorgegebenen ‚objektiven' Glaubenswahrheiten und der persönlich-erwecklichen Glaubensentscheidung und Bekehrung als moderner individueller Aneignungsform zu vermitteln. Der römische Katholizismus hat sich diesen Modernisierungsprozessen außer durch punktuelle Anpassungsleistungen meistens entzogen und sich als kirchlich definierte und tradierte und durch ein festgefügtes Lehr-, Moral- und Ritengebäude abgesicherte, exklusive Hüterin christlicher Wahrheit präsentiert: „Mit deren Dogmatisierung (sc. der „absoluten Macht- und unfehlbaren Wissensansprüche") im Jahre 1870 bekam der römische Fundamentalismus seine offizielle Gestalt. Er hat sie bis heute behalten", stellt der katholische Theologieprofessor Hermann Häring lapidar fest (Häring 2013, 38). Man muss also, wenn man von römisch-katholischem Fundamentalismus sprechen bzw. schreiben möchte, die „doctrina et mores" der römisch-katholischen Kirche darstellen; das heißt: Der Verweis auf Gerhard L. Müllers dogmatischen Klassiker „Katholische Dogmatik. Für Studium und Praxis der Theologie" genügt (Müller 2007). Entsprechend geht es im Folgenden um protestantischen und überhaupt um Fundamentalismus als moderne Erscheinung unserer Gesellschaft im europäischen Kontext, mit Verweisen auf den römischen Katholizismus (und in VIII.10 auf die globale Welt).

Dem ‚modernen' (europäischen) Fundamentalismus ging es um religiöse und dann sofort um Deutungshoheit auf allen Lebensgebieten. Es geht um alternativlose Definitions- und Sozialisierungsmacht, wobei die Grenzen zu Ausschluss und Gewaltanwendung bis hin zu Terrorismus oft fließend sind. Man hält klare Distanz zum Alltagsweltkonzept, organisiert sich elitär mit hoher sozialer Kontrolle und setzt auf die Einhaltung der in der Bibel irrtumsfrei vorgegebenen Lehren im Rahmen eines geschlossenen Welt-Bildes.

Im Folgenden wird die im Vorwort angesprochene *These* ausgearbeitet, dass der ‚moderne' religiöse Fundamentalismus, wie er sich im Christentum und im Judentum und Islam herausbildete, *strukturell* ebenso in anderen religiösen wie pseudoreligiösen Weltanschauungen und in Politik, Wirtschaft, Wissenschaft, Kultur vorkommt (Gerber 2008, 153ff.). Der moderne Fundamentalismus ist nicht einfach Reaktion, sondern Symptom der Krise der christlichen Kirchen und überhaupt der europäischen Gesellschaft(en) in ihren Globalisierungsverflechtungen. Entsprechend lässt sich der Fundamentalismus in seinen alle Lebensbereiche durchdringenden Variationen nur bekämpfen durch kritisches Wahrnehmen und Analysieren der Gründe seines Entstehens und Fortbestehens und entsprechend durch offenes, demokratisch und rechtsstaatlich bestimmtes Miteinanderumgehen im Sinne partizipatorischer Integration auf dem Boden des Grundgesetzes. Wo die Einzigartigkeit und Selbstständigkeit eines jeden Menschen und die Differenz der Menschen geachtet werden, da werden gegen Freiheit und Eigenverantwortung gerichtetes Vereinheitlichen, Gleichmachen und Vereindeutigen, Fundamentalisieren und Beherrschen durch Anerkennungsprozesse in ihre Schranken des planenden, instrumentellen Umgangs verwiesen (Gerber 2006, 76-78; Dungs 2006, 17- 32).

II. Fundamentalismus: Begriff - Ausweitungen und Eingrenzungen

Wer Fundamentalismus verstehen möchte, der und die müssen sich mit den nur holzschnittartig angezeigten Grundzügen der Moderne befassen, denn Fundamentalismus ist als derzeit vorfindliche vielgestaltige Erscheinung ein Phänomen unserer Moderne. Insofern die moderne Gesellschaft(en) in unserem Kulturbereich aus der christlichen Gesellschaft hervorging, „ist das Christentum zum vorzüglichen Opfer ihrer zersetzenden Kraft geworden: zum ersten Kandidaten des Fundamentalismus" (Türcke 1992, 12). Beginnend mit den Selbstfreisetzungsprozessen des spätmittelalterlichen Menschen und der Reformation und forciert durch die Pluralisierungsschübe der Aufklärungsepoche und ihren regressiven Bestreitungen ist das, was hier unter *Fundamentalismus* verstanden wird, in alle Lebensbereiche eingewandert, von der emotional hoch besetzten Religion bis hin zum neoliberalen Wirtschaftssystem ohne Alternative, zur objektiv-absoluten Gültigkeit von Wissenschaft und in die sich ubiquitär-allwissend und totalitär gebärdenden Medien (Greenwald 2014). Diese Erscheinungen und Zusammenhänge werden im Folgenden im Kontext von Fundamentalisierungserscheinungen in europäisch-westlichen Gesellschaften wie der deutschen vorgestellt, analysiert und kritisch diskutiert.

Der Begriff *Fundamentalismus* geht zurück auf die christliche Schriftenreihe ‚The Fundamentals' (1910-1915) in den USA. Ab den 1960er Jahren entwickelte er sich zu einem wissenschaftlichen Fachbegriff, um strukturelle Ähnlichkeiten im Umgang mit inhaltlich unterschiedlichen Religionen und Weltanschauungen benennen zu können im Hinblick auf Vereindeutigungen und Exklusivitätsansprüche (Gerber 2008, 153-155; Türcke 1992, 11-26; Graf 2014, 238-241). Umgangssprachlich wird der Begriff meistens negativ konnotiert im Sinne von evangelikal, konservativ, rückständig bis hin zu rechthaberisch und gesinnungsterroristisch. Als *Phänomen* ist Fundamentalismus eine Erscheinung der Moderne als regressive Reaktion auf deren Herausforderungen, z.B. auf den modernen Pluralismus der

Lebensstile, der Glaubensformen und der Meinungsbildungen. In den USA war der Fundamentalismus eine Reaktion der ‚Frommen' auf wissenschaftliche Erkenntnisse wie die Evolutionstheorie (statt einmaliger Schöpfung Gottes) und wird hier nicht weiter behandelt (Victor 2005). Der europäische Fundamentalismus unterscheidet sich davon sowohl durch seine Herkunft vor allem aus der englischen Erweckungsbewegung, einem europäischen Evangelikalismus und dem deutschen Pietismus als auch durch seine vor allem moralische (ethische) Wirksamkeit.

Im deutschen Sprachgebrauch wird mit dem Begriff *Fundamentalismus* seit dem 2.Weltkrieg eine vage und komplexe Form von konservativevangelikalem Protestantismus bezeichnet. In den letzten Jahren wurde dieser ursprünglich im Zusammenhang mit dem (protestantischen) Christentum verwendete Begriff ausgeweitet auf *verabsolutierende Konzeptionen* und *Aktivitäten*, auf *Exklusivitätsansprüche* und *Vereindeutigungen* in Religionen und Weltanschauungen und weitergehend in Wirtschaft, Wissenschaft, Kultur, Politik und Medien (Gerber 2008, 155ff.; Türcke 2005, 6-11). Mit diesem weiten Verständnis lassen sich Einstellungen, Meinungen und Handlungsweisen auf verabsolutierende und vereindeutigende Tendenzen hin analysieren und beschreiben. Damit ist gesagt, dass es bei *Fundamentalismus* und fundamentalisierenden Strömungen um *Machtansprüche,* um *Definitions-* und *Herrschaftshoheit* über unser Zusammenleben und Leben und um entsprechende *Bemächtigungs- und Absicherungsstrategien* geht, sofern diese sich absolut, alternativlos setzen und gebärden und sich offener Diskussion, Kritik und öffentlicher Legitimierung entziehen. Mit solchen vorsichtigen, korrigierbaren Definitionen betreibt man seinerseits insofern keinen Fundamentalismus, als man die Perspektiven-, Standort- und Meinungsgebundenheit, also die Relativität der eigenen Zuschreibungen von Fundamentalismus, von Anfang an mit einbezieht.

Fundamentalismus findet sich in christlichen Kirchen, Gruppen, Theologien, ebenso im Judentum als strenge Orthodoxie, im Islam als Islamismus und in anderen Religionen und Weltanschauungen, sofern diese für ihre Lehren und das Alltagsleben ihrer Anhänger ausgrenzende Absolutheitsansprüche mit „gruppenbezogener Menschenfeindlichkeit" erheben (Heitmeyer 2010). Fundamentalisierende Tendenzen und offener Fundamentalismus treten in Deutschland, europaweit und weltweit als sich immunisierende Macht- und autoritäre Gewaltprozesse in allen Lebensbereichen auf mit der „Faszination von Sicherheit und Verbindlichkeit" (Graf 2014, 241-243) und einer hohen Attraktivität des Autoritären, z.B. in der Person des türkischen Regierungschefs Erdogan oder im stummen Sich-Unterwerfen unter die Machenschaften des NSA. Dessen (informationsfundamentalistische) Totalüberwachung habe das Ziel, global für „Sicherheit und Verbindlichkeit" zu sorgen und diese zu garantieren, und wenn es sein muss, mit entsprechenden militärischen Maßnahmen der USA. Insofern sei die NSA eine Metapher unseres eigenen Verhaltens im Netz, kommentierte DIE ZEIT, denn auch wir überwachen und spionieren mit Lust – freilich rechtlos, aber sicher. Demgegenüber ist auf die freiheitlich-rechtsstaatliche Demokratie zu setzen, sie zu verteidigen und eine Kultur der gegenseitigen Achtung und der Anerkennung zu stärken. Fundamentalistischen Herausforderungen ist nicht „mit wohlmeinender Konsensrhetorik oder ritueller Grundwertebeschwörung" oder einem naturgegebenen, allen einsehbaren Welt-Ethos und anderen Harmonisierungs- und Gleichschaltungsversuchen beizukommen (Graf 2014, 245).

Historisch gesehen hat der *Protestantismus* mit seiner Befreiung der Glaubenden aus Kirchenvormundschaft und mit seiner viele Gläubige dadurch verunsichernden ‚Freiheit eines Christenmenschen' zugleich mit diesem neuen individuellen Glaubensverständnis neben dem fundamentalisierenden Schwärmertum der Reformationszeit – wirkungsgeschichtlich vor allem in der Aufklärungszeit - sowohl einen freischwebenden außerkirchlichen als auch fundamentalistisch-evangelikalen Glaubens- und Lebensstil hervorgebracht.

Den Begriff Fundamentalist gibt es nicht als Selbstbezeichnung, während sich Christen und Christinnen, die ihren Glauben ‚entschieden' leben und vertreten, auch als *Evangelikale* bezeichnen. Das englische Wort *evangelical* kann mit *evangelisch* übersetzt werden, das deutsche Wort *evangelikal* aber ist enger gefasst und meint einen erwecklichen Frömmigkeitsstil innerhalb des Protestantismus. Sie sind meistens transkonfessionell ausgerichtet und kommen aus dem Methodismus, Pietismus und den Erweckungsbewegungen des 18. Jahrhunderts und verstehen sich als Ergänzungen, Korrekturen und Alternativen zu Landeskirchen und landes- bzw. volkskirchlichen Einrichtungen. In diesem evangelikalen Spektrum kann man mit Reinhard Hempelmann fünf Typen unterscheiden

(Hempelmann 2013 (a)): (1)Der klassische Typ der Evangelischen Allianz (1846 gegründet), der Gemeinschaftsbewegung und der Lausanner Bewegung; (2) die Bekenntnisorientierten, die an die konfessionell gebundene Theologie und Religiosität, an die altkirchlichen und reformatorischen Bekenntnisse anknüpfen; (3) der missionarisch-diakonische Typ mit dem Vorrang der Evangelisation in Verbindung mit sozialer Verantwortung und Engagement; (4) der pfingstlich-charismatische Typ, „dessen Merkmal über die evangelikale Orientierung hinaus eine auf den Heiligen Geist und die Gnadengaben (v.a. Zungenrede, Prophetie, Heilung) bezogene Frömmigkeit ist"; (5) Fundamentalisten mit der Vorstellung der irrtumsfreien und unfehlbaren Heiligen Schrift. In allen diesen ‚Typen' finden sich entsprechende Gruppenbildungen und spezifische Akzente in Lehre und gelebter Frömmigkeit, aber ebenso stets wiederkehrende Elemente, die mehr oder weniger eng mit Fundamentalismus verknüpft sind und als eine Art ‚Frömmigkeitspattern' bezeichnet werden könnten. Dabei muss im Einzelfall darauf geachtet werden, dass Evangelikalismus nicht pauschal Fundamentalismus bedeutet.

Im *römischen Katholizismus* gibt es auch nach dem Zweiten Vatikanum noch traditionalistische und antimodernistische Tendenzen zusammen mit fundamentalen Lehrentscheidungen, z.B. zum unfehlbaren Papstlehramt (dem bei Evangelikalen die ‚unfehlbare Heilige Schrift' entspricht). Ganz in diesem Sinne eines jenseitig-metaphysischen fehler- und makellosen Wahrheits-Bereiches, der als alternativlose Über-Welt eines menschlichen Gelingens nicht bedarf (Marten 2012, 178), verbürgt die geweihte Hostie (und der Wein) in der Eucharistiefeier die zeitlos gültige, real transsubstantiierte Gegenwart Gottes. Dieser *sakramentalistische Fundamentalismus* hat sein absicherndes Pendant in einem hierarchischen, männerzentrierten Konzept von Kirche: die qualitativ aufsteigenden Weihen zum Diakon, zum Priester und zum Bischof an der Spitze und zum Papst-Bischof in Rom als Bischof über die Weltkirche. Nur der Bischof erhält die „Fülle des Weihesakraments". Bischof und Priester dürfen die eucharistische Messe zelebrieren; der Diakon kann assistieren. Zum Vollzug der Messe reicht allein die Person des Priesters oder des Bischofs aus ohne Anwesenheit einer Gemeinde und wenn Priester oder Bischof die Messe ‚rite', also ritualgerecht zelebrieren. Der Priester trägt einen unzerstörbaren Amts-‚Charakter'; Frauen sind zum Priesteramt nicht zugelassen. Nicht-Katholische sind von der Eucharistiefeier ausgeschlossen u.a.m. In der Sexualmoral werden inhumane Lehren vertreten, z.B. Verbot von Kondomen, Ablehnung der Ehe von homosexuellen Menschen (was einen Verstoß gegen staatliches Recht darstellt), Geschlechtsverkehr nur in der Ehe und einzig um eines Kindes willen. Man mag dann noch trefflich darüber streiten, ob die Grundstruktur des römischen Katholizismus – im Sinne des katholischen Theologen Hermann Häring – nicht doch und noch vorneuzeitlich-fundamentalistisch ist (Gerber 2008, 157-159).

III. Einige exemplarische Befunde

Fundamentalistische Positionen und Aktionen machen im europäischen Kulturkreis – und nur der steht bei aller Globalisierung hier zur Debatte – sehr zu schaffen. Ob von politisch Links- oder Rechtsradikalen, von Fundis und Exklusivisten, von Religiösen mit Absolutheitsansprüchen oder aggressiven Säkularisten, von hartnäckigen Verfechtern des Zwangs zu einer einheitlichen Leitkultur oder unsolidarischen Verfechtern absoluter Freiheit in Gesellschaft, Wirtschaft und Netz, ob von Rassisten und Sexisten, ob von Anhängern eines neoliberalen Ökonomismus ohne Alternative und von wissenschaftsgläubigen Vermessern und Perfektionierern wie z.b. ideologische Posthumanisten – immer geht es um die Deutungshoheit mit Alleinvertretungsanspruch und um die damit usurpierte Gestaltungsmacht im zusammenwachsenden Europa und um entsprechende fundamentalisierende Rückschritte und umstürzlerische Umgestaltungen. Genauso gefährlich und sogar noch wirksamer sind solche fundamentalistische Tendenzen – man könnte sie ‚*pragmatischen Fundamentalismus*' nennen neben explizit aktivem, aggressivem Fundamentalismus —, die sich, wie z.B. das globale Kapitalismus-System und die zwanghafte Medien-(Un-)Kultur, gleichsam schleichend in unsere Seele eingraben und die wir wie selbstverständlich als Gitter für unser Leben und Zusammenleben internalisieren und die zu Hierarchisierungen und Ausgrenzungen aller und alles Un-Normalen führen. Es finden sich fundamentalistische Überzeugungen und Aktionen, die nicht nur gegen Sitte und öffentliche Konsense verstoßen, sondern gegen das Grundgesetz und sonstiges Recht etwa von der Verweigerung der Beschulung von Kindern in öffentlichen oder privaten Schulen bis zu religiös motivierten terroristischen Aktionen, denen mit entsprechenden Rechtsmitteln zu begegnen ist.

Eine wirksame Rolle spielen in diesem Konzert von mehr oder weniger bewussten bis zu aggressiven und sogar militanten Absolutheitsansprüchen und Vereindeutigungsstrategien die Religionen in ihrer Ambivalenz von

Friedfertigkeit und gewaltsamen Ausgrenzungstendenzen (Kemper u.a. 2009; Beck 2008, 68ff.). In der europäischen Gesellschaft hat das Christentum, das in Osteuropa in Gestalt der verschiedenen Orthodoxen Kirchen und kleinen Kirchen und etlichen Denominationen verbreitet ist, seit 1648 in Gestalt seiner drei Konfessionen des römischen Katholizismus, des Luthertums und des Reformiertentums (und der Anglikaner) als bislang breit akzeptierte Orientierungs- und Integrationsinstanzen Modernisierungsschübe wie Pluralisierung, Individualisierung, Enttraditionalisierung u.a. hart zu spüren bekommen. Die Kirchen reagierten verstärkt seit der zweiten Hälfte des 19. Jahrhunderts mit Besitzstandswahrung, bisweilen aber auch mit Liberalisierungen, aber ebenso umgekehrt mit antimodernistischem Rückzug bis hin zur Erklärung päpstlicher Unfehlbarkeit (1870), dem Index verbotener Literatur, dem antimodernistischen Eidesschwur u.a. im römisch-katholischen Bereich. ‚Rechtgläubig-erweckte' Gruppierungen spalteten sich ab, vor allem im protestantischen Bereich, im römischen Katholizismus trennten sich z.B. die ‚Altkatholiken' aus Reaktion gegen den ‚Papismus' von 1870 ab. Nach Ansicht der ‚erweckten' Gruppen sind biblische Aussagen anders als in wissenschaftlicher, historisch-kritischer Theologie und in gängiger Gemeindearbeit als absolute Wahrheiten anzunehmen, über die man nicht diskutieren kann und deswegen auch nicht zu diskutieren braucht. So sind die Schöpfungsvorstellungen am Anfang der Bibel (1. Mose 1.2) wörtlich zu nehmen gegen die relativierende Evolutionstheorie (Graf 2014, 166ff.). Die Kreuzigung Jesu gilt ‚objektiv' als Sühnopfer, seine Auferstehung ist im Sinne einer ‚Wiederbelebung einer Leiche' zu verstehen und die real geschehene Himmelfahrt des Auferstandenen kann, weil biblisch verbürgt, nicht angezweifelt werden. Solche Fragen nach der *Rechtgläubigkeit* und nach einem offenen Umgang mit der Bibel warfen zugleich die Frage nach Formen von *Gewaltbereitschaft* im Verteidigen solcher Glaubenswahrheiten auf. Die gegenwärtig geführten Auseinandersetzungen von Kirchen, der Politik und weiter Kreise unserer Gesellschaft mit dem Islam in seinen verschiedenen in Deutschland vorhandenen Gruppierungen von Sunniten, Schiiten, Alawiten bis hin zum Salafismus erfordern gleichzeitig eine Beschäftigung mit den durch die Religionen mitbestimmten Erscheinungen von Fundamentalismus, folglich auch mit den entsprechenden ökonomischen, kulturellen, rassistischen, sexistischen, medieneigenen und anderen Fundamentalisierungen. Dies kann im Folgenden nur bruchstückhaft geleistet werden, soll doch das Schwergewicht auf Erscheinungen des christlichen, speziell des protestantischen Fundamentalismus liegen.

Christlicher Fundamentalismus war ab dem 19. Jh. eine mehr oder weniger aggressiv ins politische und gesellschaftliche Leben eingreifende Erscheinung in einer Gesellschaft, die sich einerseits immer stärker pluralisierte und ein zunehmendes Meinungs- und Verhaltensspektrum hervorbrachte und die sich andererseits immer wieder fundamentalistisch radikalisierte in Gestalt von Absolutheitsansprüchen von Kirchen und Glaubensgruppen (z.B. evangelikales Pochen auf wörtlich verstandene biblische Schöpfungsvorstellungen gegen Evolutionstheorie besonders als Thema im Religionsunterricht) bis hin zur Verirrung Deutscher Christen in den autoritären, unmenschlichen Nationalsozialismus (weiteres Stichwort: Faschismus, ausgehend von Mussolini). Wenige Kirchen und couragierte Christen und Christinnen und Vertreter sogen. entarteter Weltanschauungen und Lebensstile leisteten Widerstand und mussten auf dieser Gratwanderung mit dem Problem umgehen, ihrerseits als verfolgte Minderheit nicht Fundamentalisierungstendenzen auszubilden. Die Kirchen taten und tun sich im Allgemeinen auch heute immer noch schwer, gegen Aufrüstung und Kriege, gegen Apartheit und Sexismus, auch in den eigenen Reihen einzutreten, die Menschenrechte anzuerkennen, kolonialistische Verhaltensweisen sogen. Dritte-Welt-Ländern gegenüber und Rassismus zu ächten, Benachteiligungen von Frauen zu brandmarken und homosexuelle Partnerschaften als mit der Ehe gleichwertige Lebensform zu akzeptieren. Ein Beispiel stellen die zum Teil unsäglichen Diskussionen um die Orientierungshilfe des Rates der Evangelischen Kirche „Familie als verlässliche Gemeinschaft stärken"(2013) dar. Die christlichen Großkirchen haben dieses Involviertsein in fundamentalisierende wie liberal-emanzipatorische Bewegungen bis heute nicht genügend aufgearbeitet, zumal sich die Diskussionen und Kooperationen zwischen Kirchen und Staat(en) immer mehr auf den sozialen Sektor (Caritas, Diakonie) einschränkten und die Großkirchen (und Fundamentalisten) nur in Einzelproblemen wie Familienpolitik, Sexualethik, Verteidigung von Privilegien wie Kirchensteuer, Religionsunterricht, Feiertagen und Seelsorge in Krankenhäusern, Militär, Gefängnisarbeit ihre Stimme erhoben mit teilweise exklusiven, von der Gesellschaft immer vehementer abgelehnten Wahrheitsansprüchen.

Zu den von Evangelikalen und Freikirchen benutzten Versammlungs- und Missionierungsformen wie die Versammlung, die (typisch pietistische) ‚Stunde', Bekenntnisunterweisung, Printmedien, Rundfunk- und Fernsehprogrammen und Foren in Form von Missionsevents und bekenntnisorientierten Rüst-Freizeiten kam in den letzten Jahren vermehrt der gezielte Gebrauch des Internet hinzu. Dabei kommt es öfter vor, dass christlich-fundamentalistische Gruppen z.B. mit der politischen Neuen Rechten kooperieren und Hetzkampagnen gegen homosexuelle Menschen, Muslime (bisweilen getarnt als Einsatz für verfolgte Christen und Christinnen) und gelegentlich antisemitisch gegen Juden in das Netz stellen. Durch verzerrte Berichterstattung, Verhöhnung Andersdenkender, Verleumdung Anderslebender, Diffamierung anderer Glaubensrichtungen bis hin zur Androhung juristischer Schritte versuchen christlich-fundamentalistische Medien, ihre Interessen durchzusetzen, Kritiker und Kritikerinnen einzuschüchtern, Meinungsfreiheit einzuschränken, Demokratie und Rechtsstaatlichkeit auszuhöhlen (Strube 2013, mit Beispielen). Sie stellen die Gesellschaft vor die Herausforderung, immer neu auszuhandeln, wie mit solchen aggressiven, intoleranten, integrationsfeindlichen Wahrheits- und Moralansprüchen und undemokratischen Verhaltensweisen seitens der Politik, des säkular-neutralen Rechtsstaates, ebenso der Kirchen, der Gesellschaft, der einzelnen Bürger und Bürgerinnen umzugehen sei. Es geht um die Herstellung und Pflege einer Kultur offenen Dialogisierens in gegenseitiger Achtung in einem Europa, das derzeit von einer Konservatisierungswelle, z.B. in Frankreich, England, den Niederlanden, ergriffen wird.

Ein utopisierendes Beispiel für die mögliche religiöse Aufladung von ‚weltlichen' Institutionen hat der Philosoph Bernhard Taureck durchgespielt. Er hat an das Herrschaftsgebaren der NSA in den USA die Frage gestellt (Taureck 2014 (a)): "Bedarf die übermenschliche Informationsdichte der Geheimbehörde einer politischen Religion und Metaphysik", so dass man von einer „pseudoreligiösen Institution" sprechen müsste? Taureck spielt die vier Möglichkeiten der Ortsbestimmung der NSA durch. Will man die NSA nicht abschaffen, weil dies politisch nicht geht, oder will man die Totalüberwachung und das Bürgerrecht auf eine unversehrte Privatsphäre paradox nebeneinander bestehen lassen, was aber auch nicht geht, weil NSA und Liberalismus unvereinbar sind und der Vorrang der Überwachung siegen würde, dann bleibt nur eine theokratische

Lösung (!). Im rechten Spektrum der Republikaner, der Bostoner Tea Party, der Kreationisten sei man sich einig: „Wer in den USA gegen Darwin ist, neigt politisch zur Theokratie. Wenn die Menschen und Erde von einem Schöpfergott ins Leben gerufen wurden, so sollte dieser auch die Staaten regieren" – und selbstverständlich auch Europa, Deutschland, die ganze Welt. Diese Option besagt: "Theokratie statt NSA. Um den USA (sc. und der durch NSA gespeicherten Weltgemeinschaft) eine Herrschaft der NSA zu ersparen, wäre dann eine Gottesherrschaft vorzuziehen. Die NSA könnte weiterhin bestehen, doch sie müsste sich vollständig einer theokratischen Regierung unterwerfen". Wahrscheinlicher sei aber die vierte Option oder Utopie: „NSA statt Theokratie", also eine Überwachungsdemokratie mit insofern paradoxem Charakter, als die Staatsbürger Vertrauen haben müssten in diesen Überwachungs- und Absicherungsstaat. Und solches Vertrauen wird der religiösen Tradition der USA entliehen: "Das religiöse Erbe der USA könnte in das übermenschliche Wissen der NSA als Herrschaftswissen transformiert werden. Um dies zu erreichen, steht an vermutlich erster Stelle die Schaffung von Vertrauen der Staatsbürger in eine religiös gefärbte Überwachungsdemokratie". Aber: Solches Vertrauen setzt auf der Verhandlungsebene – im Gegensatz zur personal-religiösen Ebene – verbindliche Vorleistungen voraus, damit die Staatsbürger ihrerseits in eine Gegenleistung eintreten werden. Religiös-personales Vertrauen etwa im Sinne Luthers und der protestantischen Vorstellung der vertrauensvollen Beziehung Gottes zum Menschen sieht anders als der Tausch von Vorleistung und Gegenleistung aus: Vertrauen ohne rationale Abwägungen. Und Taureck meint: "Genau dieses religiöse Muster könnte die zukünftige Überwachungsdemokratie sich zu eigen machen und auf gefährliche Weise instrumentalisieren und pervertieren… Wiederherstellung von Vertrauen in eine Behörde, deren Arbeit strukturell Vertrauen missbraucht, ist logisch und psychologisch widersinnig". Taureck hofft im Blick auf diese vier möglichen Optionen der NSA als einer Allmachtsbehörde, „dass eine neue Zeit der Aufklärung heraufzieht und dass aus einer oligarchisch bestimmten Demokratie ein demokratisches Gebilde wird". Wenn die politische Allmachtsbehörde NSA und die religiöse Vorstellung des Kreationismus als einer Allmachts- und Kontrollphantasie sich kreuzen und verbinden, dann entsteht ein theokratisches Monstrum.

IV. Die Frage nach Kriterien für Fundamentalismus

Wer ‚Fundamentalismus' sagt, muss seine *Kriterien* dafür angeben und zur Diskussion stellen. Dies wird in dem vorliegenden Papier dadurch deutlich, dass ein Zugriff auf Erscheinungsweisen von religiösem und überhaupt von Fundamentalismus in theologisch-protestantischer Perspektive im Verbund mit religionsphilosophischen und -soziologischen Zugangsweisen durchgeführt wird. Zugleich wird dabei deutlich werden, dass der scheinbar selbstverständliche Rekurs auf die „weltanschauliche Neutralität" des demokratischen Rechtsstaates so selbstverständlich nicht sein kann, weil der Staat im Umgang mit Religionen und Weltanschauungen mit diesen zusammen in einem ständigen Prozess klären und anwenden muss, was „weltanschauliche Neutralität" (auch ethische Neutralität genannt) jeweils bedeutet (Taylor 2012). Diese ständige ‚Selbstsäkularisierung' des Staates, die für Raum der Religionen und Weltanschauungen im öffentlich-gesellschaftlichen Geschehen mit sorgt, ist etwas anderes als der ‚laizistische Säkularismus' z.B. in Frankreich, der Religionen privatisieren und aus der Gesellschaft heraushalten möchte und dann religiös motivierte Konflikte nicht mehr öffentlich zu diskutieren vermag. Diese Option kann als Fundamentalismus einer scheinbar „neutralen" Position bezeichnet werden, die es aber so nicht geben kann (Gerber 2013, 124-127).

Eine aus unserer Sicht hilfreiche Beschreibung des modernen Phänomens ‚Fundamentalismus' gibt der Politologe und Fundamentalismusforscher Thomas Meyer, die sich auf entsprechende religiöse Fundamentalisierungen übertragen lässt: „Fundamentalismus als politische Ideologie und Bewegung ist der Versuch, den modernen Prozess der Öffnung und der Ungewissheit, sei es ganz, sei es in seinen zentralen Bereichen, umzukehren und die von seinen Verfechtern zur absoluten Gewissheit erklärte Variante der Weltdeutung, der Lebensführung, der Ethik, der sozialen Organisation zu Lasten aller anderen verbindlich zu machen. Fundamentalismus als Produkt der Moderne will Ungewissheit und Offenheit überwinden, indem er eine der

Deutungsalternativen im Rückgriff auf geheiligte Tradition oder künstlich immunisierte Gewissheiten absolut setzt. Das darauf gestützte geschlossene System des Denkens und Handelns, das Unterschiede, Zweifel und Alternativen unterdrückt, soll nach dem Willen der Fundamentalisten an die Stelle der modernen Offenheit treten und damit Halt und Sicherheit, Orientierungsgewissheit, feste Identität und Gewissheit der geglaubten Wahrheit aufs neue erzwingen und künftigem Wandel entgehen" (Meyer 1989, 29).

In der Fundamentalismus-Forschung werden an erster Stelle Absolutheitsanspruch und Zwang zu Gehorsam und Gefolgschaft in einem geschlossenen System genannt. Dies zeigt sich im Vereindeutigen von Vorstellungen, die der betreffenden Gruppierung zugrunde liegen und die gegen kritische Anfragen von außen immunisiert werden als einzig wahre Vorstellungen. Und es zeigt sich an der Focussierung der fundamentalen Identität auf ein einziges Kriterium, z.B. auf das von Gott in der irrtumsfreien Bibel geoffenbarte Gesetz. Diese Einstellung und dieses Verhalten trifft im religiösen Bereich für die meisten evangelikalen, pfingstlerischen und auch für viele freikirchliche Gruppierungen zu, aber ebenso in struktureller Analogie für den *Banken-Kapitalismus* der Finanzmärkte, der sich von der Realwirtschaft, von unserer Lebenswelt und von der Politik weitgehend abgelöst hat und zu einer geschlossenen, mit Wissenschaftlichkeit sich gegen Kritik immunisierenden und Gesellschaft wie Politik in Geiselhaft nehmenden, Bürger und Bürgerinnen ‚kolonialisierenden' Banken-Welt mutiert. Man spricht zu Recht von der Religion des Kapitalismus, des Geldes, des Habens und Besitzens (Gerber 2008, 175-179; Türcke 2005, kritisch zu Habermas und Schnädelbach; Fromm 1979, 129ff.). Technokratische *Wissenschaftsansprüche* versprechen, dass es nur mit ihrer Realisierung mittels Gentechnologie, Hirnforschung, Bionik und mit entsprechenden Enhancements den perfekten Menschen geben wird. *Naturwissenschaftler* geben ihre Ergebnisse mit positivistischem Anspruch als absolut richtige, objektive Wahrheiten aus statt diese auch zu den symbolischen Zu- und Umgangsweisen mit der uns begegnenden Wirklichkeit zu zählen. Hier spukt die metaphysische Idee herum, dass wir mit unserem messenden Geist die materielle Welt ‚als solche' (be-) greifen könnten, was Kant mit seiner Annahme eines unerkennbaren ‚Ding an sich' destruiert hatte. Der Nobelpreisträger Robert Laughlin hat sich entsprechend von der Vorstellung einer einheitlichen Welt-Formel verabschiedet:

„Es gibt im Westen den falschen Glauben, dass es so etwas wie ein letztes Gesetz gibt. Das hat mit unserem religiösen Hintergrund zu tun. So wie wir früher an den einen Gott geglaubt haben, suchen wir heute nach der einen Formel, die alles erklärt" (FR vom 7. Dez. 2007, 25). Anders als die kausal-teleologische Umgangsweise mit der Wirklichkeit mit dem Ziel eines festlegbaren Anfangs, z.B. des big beng (Urknall), und eines festlegbaren Endes, z.B. der Kontraktion des Weltalls, könnten Natur-Wissenschaften ein offenes Welt-Bild unterstellen, das als anarchisch, anfangslos und als offen angenommen und erforscht wird, wie es Laughlin für sein Wissenschaftskonzept annimmt. Mit dieser grundsätzlichen Orientierung am geschichtlichen, kontingenten und responsiven Erfahren von Wirklichkeit würden die exklusiven Wahrheitsansprüche und kolonialisierenden systemischen Imperative von Wissenschaft (lt. Habermas ebenso von Wirtschaft und Verwaltung) gebrochen in ihrer Dominanz und gleichsam relativierend eingegeben in die offene Lebenswelt. Damit wäre möglichem Wissenschaftspositivismus der Boden entzogen. Die kommunikative, auf Verständigung angelegte Lebenswelt behielte das Prä über die eingeordnete instrumentelle Systemwelt, um mit Jürgen Habermas zu argumentieren. Wird der Mensch im Sinne Kants als ‚Zweck an sich selbst' verstanden, der nie einer Idee oder einem Anfang oder Ziel geopfert werden kann (Agamben 2002, 81ff.), und wird die ‚Welt' als offenes Beziehungsgeflecht angenommen, dann wird Fundamentalisieren auf Grund der conditio humana zur unmöglichen Möglichkeit.

Mit das wirksamste Instrument moderner Vereindeutigung und der Suggestion von Alternativlosigkeit zum Zweck unserer Sicherheit, Perfektion und Einheitlichkeit stellen digitale *Medien* dar, die, wenn sie z.B. durch NSA als weltumfassende Informations-, Gleichschaltungs- und Kontrollorgane eingesetzt werden, unserem Zusammenleben und Leben die Vielgestaltigkeit, Einzigartigkeit, Selbstständigkeit und Freiheit rauben. Diese mediale Totaldurchschaubarkeit und das Dogma von der bewahrenden Allgegenwart, Allmacht und Allwissenheit Gottes sind gleichermaßen von dem fundamentalistischen Wunsch nach absoluter Sicherheit und Entlastung von Verantwortung getrieben. Nichts darf und kann dem Zufall überlassen werden: Naturwissenschaften und Informationstechnologien machen und halten alles durchschaubar; sie sind die großen Rationalisierer. In diesem Sinne hat die Schriftstellerin Juli Zeh im Juli 2013, weltweit unterstützt durch Kollegen und Kolleginnen, einen offenen Brief an Kanzlerin Merkel geschrieben, diese möge doch bitte den NSA- und sonstigen Abhörmachenschaften Einhalt gebieten, und diese Bitte im Mai 2014 in DIE ZEIT wiederholt (Nr. 21 vom 15, Mai 2014), weil die Kanzlerin keine Antwort gegeben hatte. In diesen Schreiben wird das Ziel des Datensammelns klar formuliert: „das Erreichen von Vorhersehbarkeit und damit Steuerbarkeit von menschlichem Verhalten im Ganzen". NSA und Internetkonzerne wie Google und Facebook „gelangen dabei zu ungeheurer Machtfülle. Geheimdienste greifen diese Informationen nach Belieben ab und nutzen sie für ihre Zwecke". Hier geht es um Vereindeutigen zwecks Lenkung und Kontrolle ganzer Gesellschaften und Nationen. Im kleineren, aber ebenso wirksamen Maßstab benutzen Produktanbieter, Dienstleister, Trendsetter und Modemacher alle greifbaren Informationen, um den Kreislauf von Angebot und Kundennachfrage zu ihren Gunsten kurz zu schließen, vom (oft illegalen) Aufkauf von Internet-Adressen und -daten über Werbung bis zu versteckten Kameras in Schaufenstern und Verkaufsräumen. Der Konsument soll das freiwillig erwerben, was Produzent und Anbieter für ihren Gewinn veranschlagen. Hatte man zurückblickend in der vorneuzeitlichen Gehorsams- und Nachfolgekultur Freiheit vermisst (Gerber 2008, 34f., mit Verweis auf Jean Baudrillard: Der symbolische Tausch und der Tod. München 1991), so wird in der modernen Entscheidungskultur die Freiheit für den Erwerb des von allen zu erwerbenden Produktes vorgetäuscht: Kaufe, was alle kaufen! Informiere dich, worüber sich alle informieren! – und du wirst zufrieden und glücklich sein. Es ist dieser einschleichende Kopier-Fundamentalismus der totalen Gleichheit im Produkt, der die Gesellschaft immer gleichförmiger macht bei aller Vorgaukelei von Individualität. Medien und Kapital beherrschen uns, sie sind die beiden ‚Fundamente' unserer Gesellschaft; sie machen unser Innenleben aus und machen unser Innen- wie Außenleben berechenbar, kontrollierbar, lenkbar. Sie löschen Differenz, Eigenständigkeit, Einmaligkeit aus und ‚töten' das Einzigartige. Kapital und Medien sind in ihrer Verabsolutierungsform nekrophile, thanatologische Einrichtungen und Instrumente einer suizidär infizierten Gesellschaft. Ihr Fundamentalisierungscharakter löscht Humanität, Dialog, Demokratie aus.

Weitere Beispiele stellen der *politisch globale Hegemoni(ali)smus* der USA dar, ebenso imperialistische Ansprüche und bisweilen Willkürherrschaft seitens Russlands ‚nach außen', z.B. mit der Annexion der Krim durch den „Machtfundamentalisten" Putin 2014, und ‚nach innen' als despotisches In-Schach-Halten durch den und die Herrschenden, mit einem selbstherrlichen Parteiapparat. Noch ausgeprägter autoritär verfahren die Regime in China und extrem in Nordkorea. Wege dorthin stellen die rechtsradikalen Tendenzen in Ungarn und die klammheimliche Etablierung eines politisch-konservativen islamistischen Staates in der Türkei dar. Derzeit geschehen auf nationaler wie globaler Ebene verkürzt dargestellt zwei Reaktionen gegen starke globale Veränderungen der politischen und ökonomischen Weltlandkarte mit der Folge von tiefen Verunsicherungen: einerseits der Rückzug auf Nationales, auf politisch und kulturell Bewährtes und Absicherndes, auf die Abwehr von Überfremdung und religiöser Invasion vor allem seitens des Islams, und andererseits wenn auch nur in wenigen Fällen, so doch Offenheit für neue Gespräche und Allianzen.

Es gibt *kulturellen Fundamentalismus* in autokratischen Staaten, z.B. in kommunistisch ideologisierten Staaten wie Nordkorea und ebenso in religiös theokratischen Staaten wie in Saudi-Arabien mit seiner wahabitischen Leitkultur. Und jeder Ruf nach einer Main-stream-Kultur, nach einer Leitkultur, nach einem einheitlichen Lebens-, Kommunikations-, Handlungsstil und verpflichtendem Brauchtum stellt den Versuch dar, den neuzeitlichen Pluralismus an Lebens- und Glaubensstilen, an Meinungsvielfalt und Handlungsalternativen einzuschränken auf eine Einheitsgesellschaft hin. Dahinter verbergen sich einerseits Ängste vor Veränderung und Neuorientierung und andererseits der Ängste verdrängende, unmenschliche Stärkekult der an der Macht befindlichen psychisch Schwachen und innerlich Verunsicherten, der Verängstigten und nie erwachsen Gewordenen, die in patriarchal-machohaften Gesellschaften die „Krise der Männlichkeit" in Illusionen von Allmacht umzumünzen und damit zu verdrängen versuchen (Richter 2006, 17ff.; Meyer-Drawe 1990, 7ff.; Sölle 1989, 29f.).

In Sachen *Religion* fordern derzeit manche den fundamentalisierenden Rekurs auf biblische Heilstatsachen und andere umgekehrt einen radikalen *Säkularismus* als totale Trennung von Staat/Politik und Kirche/Religion/Weltanschauung ein. Letztere merken oft nicht, dass sie ihrerseits Gefahr laufen, den religiösen Fundamentalismus auf den Kopf zu stellen und Religionsfreiheit gegen Gläubige zu fundamentalisieren.

Der Religionsphilosoph Charles Taylor hat moniert, dass dieser traditionelle Laizismus das „säkulare Äquivalent der Religion" darstelle, der politisch alle Differenzen der Bürger und Bürgerinnen im Blick auf deren Religions- und Weltanschauungszugehörigkeit oder Säkularität auslösche. Der Staat bleibt dann gerade im Laizismus nicht neutral, sondern geriert sich bewusst atheistisch (oder agnostisch). Taylor fordert hier eine „offene Laizität", um fundamentalistischen Haltungen sowohl staatlicherseits als auch in den Religions- und Weltanschauungsgemeinschaften aus dem Wege gehen zu können. Da es aber eine solche „Liberalität" nie in Reinform geben kann, muss sich der Staat genau genommen ständig selbst „laisieren" (oder laizisieren), ohne dass er dadurch eine Säkularisierung der Gesellschaft mit laizistischer Konsequenz bewirkt. Nicht-fundamentalisierende „Laizität" heißt bei Taylor: Alle Religionen und Weltanschauungen sind seitens des Staates in der Öffentlichkeit nach festgelegten Regeln eines weiten Religions- und Weltanschauungsverfassungsrechtes zuzulassen. Umgekehrt gilt für diese in der „offenen Laizität", dass sie ihrerseits eine „Offenheit" pflegen, die „andere Überzeugungs- und Wertesysteme" in der Gesellschaft nicht nur tolerieren, sondern auf gleicher Augen- und Erdenhöhe achtet. Und sie müssen sich auf Dialoge mit dem Staat und untereinander einlassen (wie es auch die EU-Verfassung vorsieht). Der Staat selbst muss gleichsam hinter den klassischen Laizismus zurückgehen auf seine Bürger und Bürgerinnen in ihrer Vielfalt und Differenz. Fundamentalismus tritt dann ein, wenn einer der Beteiligten seine bzw. ihre Position verabsolutiert und Dialog verweigert. Von hier aus übt Taylor Kritik am Modell einer Zivilreligion, weil dann die Religiösen alter Schule zu Bürgern zweiter Klasse degradiert würden (Maclure, Taylor 2011). Hinter diesem liberaldemokratischen Konzept steht, wie ein Rezensent bemerkte, „der Großstreit um die Legitimität der Neuzeit", den Taylor in seinem Großwerk „Ein säkulares Zeitalter" (2007) beantwortete, dass die säkulare Moderne nicht das zwangsläufige Endprodukt wissenschaftlichen Fortschritts und siegreicher Vernunft sei, sondern eher ein zufälliges Abfallprodukt christlicher Reformbestrebungen – einschließlich fundamentalisierender Strömungen.

Im *Islam* wächst im europäischen Bereich derzeit z.B. neben der Gülen-Bewegung die „salafistische Community", die gesellschaftlich gefährlich ist mit Scharia, Glaubens-Krieg, Ablehnung von Demokratie und Freiheit, mit der Degradierung von Frauen und einem patriarchalischen Gesellschaftsmodell. Es handelt sich um ein Lebensstil- und Glaubenspaket, das „eine vorgeschriebene Bekleidungsordnung, klare Hierarchien und ein religiös fundiertes Identitätsmodell umfasst. Es müsse nicht mehr groß reflektiert, sondern nur noch feststehende Regeln befolgt werden, die auch die streng patriarchale Rollenverteilung der Geschlechter umfasst, mit der die Frauen kein Problem zu haben scheinen" (FR 13.12.2013, 29) – die hochkarätige Politisierung dieses Islam inklusive, die manche Jugendliche in den Dschihad im Nahen Osten gelockt und in den Tod getrieben hat.

Bündelt man die Befunde zu fundamentalistischen und vereindeutigenden Erscheinungen, dann lassen sich einige *Kriterien* zur weiteren Analyse und Bearbeitung formulieren:

- „Wahrnehmungsblockaden" auf Grund der einschränkenden „Faszination von Sicherheit und Verbindlichkeit" (Graf 2014, 237ff.) und einer faszinierenden Attraktion des Autoritären, indem von ‚starken Führern' vorgegebene Wahrheiten als zeitlos, exklusiv und universal gültig gelten und nicht geschichtlich und gesellschaftlich relativiert werden dürfen;
- Absolutheits- und Exklusivitätsansprüche, erhoben aus infantiler Selbstsucht und aus Angst davor, wie es kontrollierbar weitergehen soll und vor der damit verbundenen Eigenverantwortung (Lempp 1996, 13ff.), verbunden mit dem Zwang zum fraglosen Erfüllen der religiösen, ideologischen Anforderungen (was von Sigmund Freud als „kollektive Zwangsneurose" diagnostiziert wurde), oft gepaart mit Kontrollverhalten und nicht selten mit Verfolgungsvorstellungen durch die ‚böse Welt';
- Ausschluss von Zweifel und von dem unserem sterblichen Leben schon immer eingeschriebenen Scheitern und entsprechend von (Selbst-) Kritik und Diskussion, bis hin zu ‚sozialem Autismus' (Lempp 1966, 87ff.), was mit „Illusionen von Autonomie" und entsprechenden Ohnmachts- und Allmachtsphantasien verbunden ist (Meyer-Drawe 1990; Richter 2005; Maaz 2012);
- Ablehnung von Alternativen und Paradigmenwechseln, überhaupt des neuzeitlichen Pluralismus in „der Postmoderne ohne Eindeutigkeit" (Gerber 2008, 184; Gross 2007, 115ff.; Bauman 2005, 364ff.); man pflegt eine schwarz-weiß-dualistische Weltsicht;
- Scharfe, oftmals andere Menschen und Gruppen diffamierende (und bisweilen beleidigende) Abgrenzungen in Form von religiösem wie politischem Extremismus, von Rassismus, Sexismus u.a., auch in Verbindung mit rechtsradikalen Internet-Angeboten (Strube 2013);

- Rigorose moralische und sozialethische Direktiven mit destruktiven, inquisitorischen, oft auf Vergeltung (und Rache) beruhenden Bestrafungsmechanismen, z.b. Prügelstrafe als Erziehungsmittel und von Religion wie Politik transportierter Androhung drastischer Bestrafungsmaßnahmen bis hin zu apokalyptischen Untergangsszenarien, z.B. von der ‚Achse des Bösen' und deren Untergang (Kemper 2009, 187ff.);
- Prägung durch sogen. patriarchale Eigenschaften: „Männerphantasien" mit Neigungen zu einem infantilen Stärkekult aus Angst (Theweleit 1980, verbunden mit einer psychoanalytischen Faschismustheorie), mit einem „Allmachtsdrang aus Haltlosigkeit", mit überzogenem Selbstbewusstsein aus Leidensverdrängung (Richter 2006, 17ff.), mit Illusionen von Identität, verbunden mit Kapitaldespotie, Kriegspolitik ohne Alternativen und Militarismus mit faschistoid projizierten (Tod-) Feind-Bildern (Theweleit 1980);
- Opfer werden in Kauf genommen und werden zu ‚positiven' Tätern umgeschrieben um der Sakrifizierung der Abgrenzungsgewalt willen (Girard 1983);
- Stichwort „gruppenbezogene Menschenfeindlichkeit" (Heitmeyer, 2010): Ausschließen und eventuell Bekämpfen von Menschen und Gruppen (Völkern, Nationen u.a.) mit anderen Lebenseinstellungen, Kultur, Religion, z.B. Verfolgung von Juden, ebenso von homosexuellen Menschen, ganzen Ethnien wie z.B. der Roma/ Sinti;
- Zerstörung der Demokratie mit ihren säkularen Freiheitsrechten und ihrer Rechtsstaatlichkeit, sofern die eigene (gruppenspezifische) Position mit ihren Werten und Tugenden zu einem exklusiv und universal geltenden Prinzip stilisiert wird – sei es ein christlicher oder andersreligiöser Gott mit unumstößlichen Lehren und Bekenntnissen, die Scharia, ein Welt-Ethos, eine bestimmte Kultur - und durchgesetzt werden soll, dem dann Politik und Gesellschaft zu folgen haben.

Dieser Kriterien-Katalog erhebt keinen Anspruch auf Vollständigkeit, und er kann als Versuch für einen transparenten Zugriff auf Fundamentalismus und Vereindeutigungen in allen Lebensbereichen immer weitergeschrieben werden.

V. Gesellschaftliche Entwicklungen und Hintergründe

Als ein Zwischenergebnis lässt sich festhalten: Fundamentalisieren und Vereindeutigen sind in ihren religiösen, politischen, moralischen (ethischen), ökonomischen, wissenschaftsbezogenen, medialen und kulturellen Erscheinungsweisen und Dynamiken ein neuzeitliches Phänomen. Dieser ‚moderne' Fundamentalismus ist als Krisenphänomen einerseits eine reaktionäre, sich abgrenzende und sich autoritär auf den alleinigen Besitz der Wahrheit stützende Haltung von Gruppierungen und Einzelpersonen in der komplex und unübersichtlich gewordenen Moderne zu verstehen und kommt entsprechend in den genannten Erscheinungsweisen mehr oder weniger deutlich und aggressiv zum Vorschein. Andererseits geriert sich Fundamentalisieren insofern modern, als es auf seinen Umbruchkontext und seine Krisenzeit in persönlich-individuellen Entscheidungen, also ‚subjektiviert' antwortet. Gegen die Verunsicherungen und Differenzierungen der Moderne, die sich als eine „fortwährende Umwälzung" vollziehen, wurde und wird im religiösen Bereich der unumstößliche göttliche ‚rote Faden' des Glaubens gestellt: klare Wahrheiten und objektive Heilstatsachen, eindeutige Normen und Strukturen, rigorose Ordnungen und Kontrollen, persönliche Bindungen und geistgewirkte Entscheidungen. Dagegen ist so lange nichts einzuwenden, bis diese Positionen zu Exklusivansprüchen und zu ausgrenzenden Mauern werden. Dann kann Fundamentalismus in allen Lebensbereichen entstehen als „der Versuch, den entwurzelten, verunsicherten Individuen erneut seelisch Halt zu geben durch Kittung eben der Fundamente, die am Zerbröckeln sind. Fundamentalismus beruft sich auf etwas, was erschüttert ist. Gerade deshalb besteht er mit solcher Heftigkeit darauf. Er will von Einwänden gegen seine Überzeugungen nichts wissen, weil er sie selbst nur allzu schmerzlich verspürt. Er ist das angestrengte Dementi seines eigenen Zweifels, ein von Unglauben durchsetzter Glaube, daher nicht nur eine Flucht vor der Moderne, sondern eines ihrer typischen Gesichter" (Türcke 1992, 12).

1. Pluralisierung contra den ‚roten Faden' eines Glaubensfundamentes

Im Blick auf das Christentum wurde Fundamentalismus in Europa hervorgerufen vor allem durch die *Pluralisierung* der Glaubensvorstellungen. Hatten der Reformator Luther, der Humanist Erasmus und auch Kaiser Karl V. in den Anfängen der Reformation noch die Einheit und Universalität des Christentums und entsprechend des christlichen Lebensstils in christlicher Kultur vor Augen, so triumphierten schlussendlich „die neuzeitlichen Kräfte der Partikularität. Aus der universell gedachten evangelischen Erneuerung der Christenheit war eine Separatreform lutherischer oder reformierter Staats- und Landeskirchen geworden. Statt Einheit und Frieden … zog die tiefe Feindschaft und Zerstrittenheit des konfessionellen Zeitalters auf. Bald waren die deutschen und europäischen Machtstaaten in einem unerbittlichen Ringen um die politische und konfessionell-kulturelle Vormacht verstrickt, ja es keimte ein fundamentalistischer Willen zu gegenseitiger Vernichtung auf. Mit den protestantischen Kirchen wurde zwangsläufig auch die tridentinisch erneuerte römische Kirche durch Luthers Selbstbehauptung zu einer Partikularkirche und ihr Oberhaupt, der Papst, zu einem partikularen Kirchenfürsten, mochte er noch so sehr und bis heute auf Universalität bestehen" (Schilling 2013, 612).

Die Vorstellungen von Gott pluralisierten sich weg von dem tradierten Einheitsglauben an einen jenseitigen, theistischen Allmachts-Gott in der dreifaltigen Einheit von Vater, Sohn und Heiligem Geist über Vorstellungen eines Vernunft-Gottes im Sinne Lessings und Hegels, eines pantheistisch in der Natur und deistisch in der Schöpfung aufspürbaren Gottes bis hin zur Vorstellung eines mit uns Menschen leidenden Gottes (Bonhoeffer, Sölle) und zur Annahme des „Todes Gottes" in Aufnahme von Nietzsches Votum und schließlich einem „atheistischen Reden von Gott" (Sölle 1994; Gerber 2014). Im 18. Jh. wurde von Aufklärern die Existenz eines allweisen und allmächtigen Lenkers des Weltlaufs in Zweifel gezogen, so dass der Atheismus erstmals in der abendländischen Geschichte eine geduldete Glaubens- und Lebenseinstellung wurde, die vor allem durch die Französische Revolution von 1789 und in England proklamiert und praktiziert wurde. Im 19. Jh. brach in Europa, auch in Deutschland, eine Welle des Atheismus aus, bei Intellektuellen und ebenso bei Arbeitern und

Arbeitslosen, die sich von ihrem kirchlich-christlich auferlegten Schicksal als underdogs mindestens ‚ideologisch' befreien wollten.

Die mit Renaissance, Reformation und Humanismus eingeleitete *Konzentrierung auf den Menschen,* der in seiner Einzigartigkeit und Selbstständigkeit vor Gott die profan werdende und wissenschaftlich zu bearbeitende Welt in eigener Verantwortung zu gestalten habe, verschob die Gott-Kirche-Mensch-Beziehung immer mehr auf den einzelnen Menschen und seine weltlichen Möglichkeiten. Der sich selbst entdeckende neuzeitliche Mensch muss jetzt lernen, seine von Gott ihm als Gottebenbildlichkeit gleichsam eingepflanzte geschöpfliche Gottes-Beziehung persönlich zu leben und seine Erfahrungen in eigener Sprache mitzuteilen.

> *So lässt der italienische Humanist Pico della Mirandola (1463-1494) in seiner Rede ‚Über die Würde des Menschen' Gott den Schöpfer sprechen: „Wir haben dir keinen bestimmten Wohnsitz, noch ein eigenes Gesicht, noch irgendeine besondere Gabe verliehen, o Adam, damit du jeden beliebigen Wohnsitz, jedes beliebige Gesicht und alle Gaben ... auch nach deinem Willen und nach deiner eigenen Meinung haben und besitzen mögest ... Du sollst nach deinem eigenen freien Willen, in dessen Hand ich dein Geschick gelegt habe, sogar jene Natur dir selbst vorherbestimmen" (Pico 1997, 7,9).*

Diese Zuspitzung auf das Individuum mit seinen zwei Seiten der geschöpflich eingeschriebenen Gott-Ebenbildlichkeit als Art göttlich geschenktem Startkapital für glückendes Erdenleben einerseits und der von Gott damit zugleich gegebenen Freisetzung in die Selbst- und Weltgestaltung andererseits, die Luther ähnlich in seiner sogen. Zwei-Reiche-Lehre formulierte, führte im neuzeitlichen Protestantismus einerseits zum Zwang der persönlichen *Bekehrung* in eher erweckten und frommen Kreisen und zugleich andererseits zur existentiellen Entscheidung im Sinne der bibelkritischen, entmythologisierenden Existenz-Theologie (z.B. Bultmann, Barths Dialektische Theologie) (Hahn, Tworuschka 1999, 49ff., 9ff.). Beiden Beschreibungen des Glaubens an Gott: dem ‚frommen' (evangelikalen) wie dem ‚kritisch-liberalen' (existentialistischen) Glaubens- und Theologiestil, liegt diese ‚moderne Wende' hin zum Menschen in seinem neuzeitlich eingehandelten Entscheidungszwang zugrunde. Insofern sind kritisch-liberalisierende Theologien und Glaubenshaltungen und erweckungsorientierte Theologien und Glaubenshaltungen gleichermaßen ‚Kinder' oder besser: Enkelkinder (oder wirkungsgeschichtliche Produkte) der Moderne, freilich mit der grundlegenden Differenz zwischen *aufklärend-kritischer Gewissheit* auf der einen Seite und *dogmatisch-fundamentalistischer Sicherheit* auf der anderen Seite. Mit der beschriebenen *Individualisierung* und *Subjektivierung*, die heute oft als Vereinzelung, Entsozialisierung und Vereinsamung empfunden werden, geschah gleichzeitig eine *Pluralisierung* und *Relativierung* des bis in die Reformationszeit alleingültigen, einheitlich christlichen (römisch-katholischen) Glaubens- und Lebensstils, die politisch erzwungen wurden durch den Westfälischen Frieden von 1648 als ‚Gründung' der drei christlichen Konfessionen. Zugleich beginnt eine fortschreitende, mit der französischen Revolution von 1789 sich verallgemeinernde *Demokratisierung*, die die Kirchen zu Enthierarchisierungen und mehr demokratischem Miteinanderumgehen herausforderte, oder dass umgekehrt Kirchen und christliche Gemeinschaften mit stärkerer Abschottung reagierten.

2. Traditionsverlust und Suche nach anderen Sicherheiten

Weitere Entwicklungen in der Moderne kommen hinzu, die das Entstehen des Fundamentalismus verständlich machen. So verloren und verlieren mit der neuzeitlichen *Enttraditionalisierung* bislang sakrosankte Überlieferungen, Sitten und Bräuche ihren Verbindlichkeits-, Verpflichtungs-, Bekenntnis- und Begründungscharakter. Sie werden in Auswahl je nach Situation ‚verwertet', so dass Begründungsverfahren wie „So war es ..." ihre bislang legitimierende Plausibilität und Akzeptanz verlieren und in die Entscheidung des Einzelnen fallen. Entsprechend wird z.B. die christliche Vorstellung der von Gott durchgeführten Heilsgeschichte in der Öffentlichkeit entweder als christlicher Überbau, der im Zuge der Technisierung und Verwissenschaftlichung unserer Welt seine Allgemeingültigkeit verliert, ihrer Relevanz für die Gestaltung der Welt entkleidet. Oder die Heilsgeschichte wird restlos säkularisiert als Geschichte des (auch religiös) zu sich selbst kommenden Weltgeistes (Georg W. F. Hegel, 1770-1831), als Geschichte der Verwissenschaftlichung der Welt vom Stadium der (mythologischen, fiktiven) Religion über das Stadium der (metaphysischen, abstrakten) Philosophie zur positiven Wissenschaft als Feststellung des Gegeben-Tatsächlichen (Auguste Comte, 1798-1857). Geschichte wird vorgestellt als Befreiungsprozess des sich durchsetzenden Proletariates

(Karl Marx, 1818-1883) oder der arischen Rasse als der Übermenschen des Dritten Reiches.

Ein anderes Beispiel: Die bislang verpflichtenden und nur von ‚Häretikern' abgelehnten christlichen ‚Pflichten' wie z.b. der sonntägliche Gottesdienst, Morgen-, Tisch- und Abendgebet, die ‚Gnadengaben' der beiden Sakramente: der Taufe als initiierende rite de passage und des Abendmahls zur regelmäßigen Glaubensstärkung, Konfirmation, die kirchliche Trauung und Beerdigung usw. verlieren ihre objektive Notwendigkeit und werden vom einzelnen Glaubenden nach Bedarf und ohne weitere Verpflichtung in Anspruch genommen. Eine Art Aufweichung und Auflösung findet statt neben der Möglichkeit des Mischens verschiedener religiöser Traditionen als Ausdruck traditioneller ‚Toleranz' (Synkretismus, Patchwork-Religiosität). Beiden Bewegungen geben Kirchen teils liberalisierend nach, teils begegnen sie ihnen fundamentalisierend.

Gleichsam als Folgebewegung dieser Zuspitzungen auf objektiv gültige Erkenntnisse und Ideologien einerseits und zugleich auf das sich entsprechend entscheidende Individuum andererseits konkurrieren heute in unserer Gesellschaft eine Vielzahl von Ansprüchen und Autonomiebedürfnissen, die politisch, sozial, kulturell, religionspolitisch koordiniert und integriert werden müssen. Dieser Prozess ist auch deswegen komplex und schwierig zu handhaben, weil seit den 50er-Nachkriegsjahren die zunehmende *Entsozialisierungstendenz* auf den Einzelnen als ‚Manager seiner selbst' zutreibt (Bröckling 2007; Ehrenberg 2011, 15-34), der im Zuge einer mit der Aufklärung intendierten Selbstinszenierungspraxis z.B. auch ein eigenverantwortlich gestaltetes Glaubensleben außerhalb der Kirche(n) praktizieren kann. Daran sieht man, dass mit den beschriebenen Tendenzen der Moderne sich auch Religion und praktizierte Religiosität verändern: So hat sich der Protestantismus neben seiner kirchlich verfassten Mainstreamform sowohl in eine liberale Zivilreligion mit Gott, Freiheit, einem Leben nach dem Tode und einer ausgleichenden Gerechtigkeit im Jenseits transformiert als auch sich in vielfältige Gruppierungen einerseits mit kirchenkritischen Anliegen in Richtung Befreiungs- und Sozialtheologie und andererseits in fundamentalisierende Richtung aufgesplittert.

Die Governance, also das Herrschen und Beherrschtwerden, ist aus den Händen eines bewahrend-leitenden Gottes herausgewandert in die Individuen selbst hinein. Die klassisch-kirchlich-christliche ‚Pastoralmacht' des

Guten Hirten aus Psalm 23: „Der Herr ist mein Hirte, mir wird nichts mangeln… Gutes und Barmherzigkeit werden mir folgen mein Leben lang, und ich werde bleiben im Hause des Herrn immerdar", hat sich ‚säkularisiert'. Sie ist also nicht verschwunden, sondern diese Herrschaftsform hat sich in die Seele, den Geist und Leib des Einzelnen ‚subjektiviert': „Hirte und Herde sind nun eins; ich selbst führe mich auf rechter Straße um meines eigenen Namens willen … Das Management, unter dem wir leben, ist ein Kind der ehemals christlichen Machttechniken. Vor allem im Vollzug der lutherischen Reformation, der Mutter aller Umstrukturierungen und Change-Prozesse, haben sie das Pastorat der Seelen in den Seelen selbst verankert" (Bartmann 2012, 138f.). Im medialen Umgang schlägt sich diese radikale Subjektivierung, Individualisierung und Totalität der Selbstherrschaft heute im Grassieren des ‚Selfie' nieder: Die mediale Selbstdokumentation muss sein, bin ich doch der Mensch, der mir am liebsten ist. Und nur so weiß ich, wer ich bin. Darauf lassen sich zwei völlig unterschiedliche Antworten geben, nämlich die des Philosophen Ernst Bloch: „Ich bin. Aber ich habe mich nicht". Ich bleibe mir selbst vorgegeben und entzogen in meiner Leiblichkeit, wie auch immer ich mit mir selbst umgehe. Ich beginne nie bei mir selbst. Was uns auf- und einfällt, was uns berührt, abschreckt, was uns in Auge, Ohr, Mund, Nase kommt, was uns haptisch berührt, was uns in den Sinn kommt – das kommt auf uns zu, das widerfährt uns, das ist nicht unser eigen und hat keinen Anfang bei uns und in uns (Waldenfels 2006, 10f.). Die andere Antwortmöglichkeit lautet: Gegen die nahezu autistische Selbstinszenierung stellten die ‚Frommen' ihren objektiv in Gott verankerten, totalitär geltenden und damit strukturell eben auch ‚modernen' Glauben. Dann weiß ich sicher, wer ich bin und sein werde.

3. Neue ‚Fromme'

Gegen die angesprochene, der gesellschaftlichen Integration dienenden *Zivilreligion* wandten sich die offiziellen evangelischen (Landes-) Kirchen mit dem Argument, dass in der (europäischen und besonders in der deutschen) Zivilreligion die christliche Glaubensfülle auf ein dünnes Bekenntnis reduziert und der liturgisch ausgestaltete Gottesdienst faktisch abgeschafft werde. Zur Zivilreligion bekennt man sich nicht, man nimmt sie schon immer in Anspruch als ein kaum formulierbares Integral der Zivil-Gesellschaft, das sich erst in der Interaktion mit den ‚positiven' Religionen und Weltanschauungen herausschält (Schieder 2001, 136-140). Sogenannte ‚fromme', ‚erweckte' Gruppierungen lehn(t)en diese Art von säkularisierender christlicher Religion völlig ab. Es geht ihnen um den Umgang mit Prozessen und Phänomenen von *Säkularisierung,* sofern sich eine sich verselbstständigende Welt und ein sich teilweise eben dieser Welt entziehendes Christentum voneinander entfernten. An diesem Punkt blieben die ‚frommen' Gruppierungen auf Distanz stehen, während sich Teile des Protestantismus in einem (vor allem lutherischen) Konfessionalismus sammelten und wenige Wagemutige sich in Dialoge mit dieser modernen Welt begaben und ihre Religiosität mit der sich verändernden Gesellschaft transformierten in zeitbezogene Glaubensvorstellungen und Frömmigkeitsformen, z.B. an Scharnierstellen wie „Frieden, Gerechtigkeit und Bewahrung der Schöpfung". Im Sinne von Protest- und Absetzbewegungen entstanden *Neugründungen* von Religionen, Weltanschauungen und sogenannten Sekten (z.B. Neuapostolische Kirche, Adventisten u.a.), z.T. bewusst als Techniken zur Lebenshilfe, zur geistigen Orientierung und zur Selbstvergewisserung in der jeweiligen ‚Familie' der Glaubend-Gleichgesinnten (z.B. Scientology). Es kamen ‚Jugendreligionen' auf wie z.B. Hare Krishna, Bhagwan-Bewegung, therapeutisch, spirituell und alternativ ausgerichtete Heilsangebote bis hinein in esoterische, okkulte, satanische, teilweise rassistische und militante Bewegungen. Sie alle haben ein neues Interesse an Religiösem, das sich mit dem allmählichen Erkalten der einstmals dominierenden Sehnsucht nach Erlösung im Jenseits in neue, andere Heilserwartungen und Heilsangebote verwandelt. Diese Gruppierungen sind meistens von einem starken Krisen- und Veränderungsbewusstsein geprägt, sie vertreten ihre Absolutheits- und Exklusivitätsansprüche mehr oder weniger aggressiv, sie stilisieren sich oft als Auserwählte und tragen deutlich fundamentalisierende Züge. Hinzu kam ab der Aufklärungszeit ein ambivalenter Umgang mit dem Judentum, und ab dem Ende des 19. Jahrhunderts kamen mit zunehmender politischer, wirtschaftlicher, wissenschaftlicher, touristischer, migrationsbedingter Globalisierung Auseinandersetzungen mit den Religionen vor allem des Islam, aber auch mit dem Buddhismus, Hinduismus, Taoismus. Der Protestantismus stand ab jetzt ständig vor der Frage und Aufgabe, ob und inwieweit er sich auf andere christliche, außer- und zum Teil antichristliche Heilsangebote und Weltanschauungen einlassen möchte und einlassen kann oder ob und inwieweit er sich abgrenzt gegen Vermischungen (Synkretismus; patchwork-Religiosität) und sich auf sein eigentlich Christliches zurückzieht, ohne ‚fundamentalistisch' zu werden (Nipperdey 1988, 67ff. zum Protestantismus zwischen 1870 und 1918).

Betrachtet man dieses komplexe religiöse Gemenge in einer sich rasend verändernden Gesellschaft (Rosa 2012), die uneindeutig, in sich aufgesplittert und entsprechend fragil ist und ständig die Sehnsucht nach ewiger Wahrheit und harmonischer Gemeinschaft nährt, dann reichen die Ausprägungen von einem kirchenfernen kritisch-liberalen, einem ‚konfessionslosen' und einem befreiungstheologisch-progressiven Protestantismus über einen reform- und transformierfreudigen Protestantismus, der mehr oder weniger kirchlich angedockt ist und sich z.B. in Kirchentagen manifestiert, über den Kirchenmainstream bis hin zu ‚frommen' Gruppierungen, die sich teils in den betreffenden Landeskirchen engagieren und teils sich abgrenzend gruppenintern bleiben. Vor allem bei Letzteren stehen Wünsche nach eindeutigen Wahrheiten und Normen, nach einem Monopol einer bestimmten Glaubens- und Lebenswelt von Christentum im Mittelpunkt gegen einen aufklärerisch-kritischen Umgang mit dem Christentum und gegen eine Konzeption von konsensueller, verantwortlich zu vertretender Glaubenswahrheit(en). Holzschnittartig dargestellt: Der Gläubige kann nie wissen, was er glaubt, sondern er kann nur die Interpretationen seines Glaubens wissen, er kann die selbst erfundenen Inhalte im Diskurs mit Anderen wissen. Auch im Glauben sind Selbstbezug und Selbstentzug, Eigeninterpretation und Widerfahrnis paradox verschränkt – oder man löst dieses Paradox auf durch einen religiösen oder ethischen Glaubens-Fundamentalismus im Sinne von Vereindeutigen.

VI. Fundamentalismus in unserer Gesellschaft

Bevor der christliche, speziell im protestantischen Umfeld beheimatete ‚moderne' Fundamentalismus im Detail behandelt werden wird, ist die Frage nach fundamentalistischen, vereindeutigenden Prozessen, Praktiken, Gruppierungen, Tendenzen in unserer Gesellschaft als Kontext auch des religiösen Fundamentalismus detaillierter zu bearbeiten. Wo zeigen sich in unserem Kulturkreis ‚Fundamentalismen' als antimoderne Reaktionen gegen die sich immer mehr aufsplitternde und zugleich paradoxerweise doch auch ökonomisch und medial vereinheitlichende Moderne?

Die deutlichste Erscheinung mit monopolistischer Autorität und Exklusivität stellt die global internalisierte *Herrschaft des Kapitals* (Geld, Besitz, Vermögen, virtuelles Kapital usw.) dar, von den einen als Heilsbringer zur Selbstverwirklichung begrüßt und angehäuft im Kampf mit den ‚Mitwölfen' und von anderen als Mammon, Goldenes Kalb und Zerstörer einer offenen Gesellschaft bekämpft. Man kann von einem ökonomischen Fundamentalismus sprechen, dessen Hauptsymbol der Dax darstellt. Ähnlich strukturiert ist die *Wissenschaftsgläubigkeit* bzw. der Anspruch der sogenannten exakten (Natur-) *Wissenschaften* auf absolut gültige ‚objektive' Wahrheit statt auch Ergebnisse aller Wissenschaften als metaphorisch-relative, symbolische Aussagen aufzufassen. Hier treffen sich der religiöse Fundamentalismus mit ewig gültigen biblisch-christlichen Wahrheiten und der wissenschaftliche Fundamentalismus oder Positivismus mit empirisch gesicherten unumstößlichen Wahrheiten – und beide verbünden sich für ‚Fromme', wenn sie gleichermaßen ‚Beweise' liefern können, z.B. bei der Erklärung von Wundern. Fundamentalismus herrscht ebenso dort, wo *Medien* sich „zum *eindeutigen Kern* des individualisierten Menschen machen" mit der Behauptung, „dass – wie im metaphysisch-analogischen Jenseits-Diesseits-Verhältnis – eine ungebrochene 1-zu-1-Abbildung geschähe" (Illouz). Medien, ARD, Sat1, RTL und weitere wie Bibel-TV versprechen und Konsumenten halten für wahr, dass Reality-TV die einzig mögliche Wahrheit und nichts als diese Wahrheit bringt. Das Problem liegt darin, dass sich der User in seiner Selbst-Mediatisierung nicht mehr vom Medium kritisch distanzieren kann und dieses gleichsam zu seinem Innenleben fundamentalisiert wird. Der Symbol- und Interpretationscharakter der Welt und unserer Wahrnehmungen wird hier ausgeblendet durch die Vortäuschung einer so und nicht anders bestehenden Welt. Also: Geld, Wissenschaftsergebnis, TV-Bild sind nicht mehr symbolische Manifestationen, sondern das Leben selbst. Eine ähnliche Funktion erfüllt der durch Wissenschaft, Technik und Ökonomie beherrschte *Fortschrittsfundamentalismus*: Alle User warten gebannt auf das unschlagbare Tablet, das wie eine Hostie durch den Firmenpriester präsentiert wird. Sie erwarten sehnlichst den neuen PKW-Typ, die neue Wundermedizin und -droge, den ultimativ letzten Kick und Modeschrei u.a.m. – immer wird das sehnlichst erwartete neueste Produkt zum Heilsbringer stilisiert im Sinne eines göttlichen Fetischs, der auch immer etwas Fundamentalistisches an sich trägt (Böhme 2006, 155-215).

Eine weitere Perspektive: Ständig umstritten ist die verpflichtende Einführung einer *Leitkultur mit eindeutigen Werten*. Man brauche, so argumentieren konservative Kreise, einen klar umrissenen gesamtkulturellen Leitfaden eines einheitlichen, möglichst weitgehend traditionell christlichen Lebens- und Kommunikationsstils einer (gewünscht) homogenen Gesellschaft, vor allem für Allzuliberale, für aufmüpfige Heranwachsende, für Migranten. Besorgte Politiker und Erzieherinnen tragen „das christliche Menschenbild" auf ihrer Zunge, das es freilich selbst bei Verpassung ‚von oben' nie in der beschworenen Ausschließlichkeit gegeben hat, ja gar nie geben konnte, sofern man geschichtlich und nicht fundamentalistisch denkt. Und zugleich wird der Protest derer laut, die eine (auch religiös) ‚offene', plurale Gesellschaft vertreten und dem Staat die Pflicht und das Recht zuschreiben, vor allem mit sozialpolitischen Maßnahmen kommunikative Bedingungen dafür zu schaffen, dass wir Bürgerinnen und Bürger unsere Visionen von ‚gutem Leben' im Rahmen des Grundgesetzes und der Menschenrechte verwirklichen können. Beide Seiten kritisieren den Zustand unserer Gesellschaft, aber die einen wollen die Gesellschaft – fundamentalisierend — auf eine einheitliche ‚Linie' bringen, während die anderen sich – solidarisierend — für Freiheit zu persönlicher Lebensgestaltung ohne religiöse oder sonstwie weltanschauliche oder säkulare

Vorgaben im Rahmen von Grundgesetz und Menschenrechten einsetzen. Dieser Aspekt führt ins gesellschaftspolitische Terrain im engeren Sinne.

Im *Politischen* zeigen sich bei uns fundamentalistisch-autoritäre Tendenzen vor allem in dem vor- oder postdemokratischen teilweisen Ausschalten von Institutionen wie z.b. dem Bundestag, den Landtagen und der Gemeinderäte in Kommunen aus den rechtlich vorgeschriebenen Entscheidungsfindungsprozessen (bei gleichzeitiger Einforderung von Bürgerbeteiligung bei Projekten wie z.B. Stuttgart 21). Auch jedes ‚Das ist so' aus Brüssel gibt vor, als ob es ein für alle geltendes europäisches fundamentum gäbe. Solche entdemokratisierenden Prozesse verhindern das diskursiv-konsensuelle Bestimmen von Zielen, Wegen und Methoden und geben, unterstützt durch die Vorstellung objektiver wissenschaftlicher, ökonomischer und juristischer Wahrheiten, das Bild einer alternativlosen Wahrheit und Gesellschaft vor. Wenn dann wie z.B. in Ungarn zum politischen Rechtsfundamentalismus Antisemitismus hinzukommt, wenn wie z.B. in der Frage der Homo-Ehe Sexismus aufblüht, wenn Rassismus und rechts- wie linkspolitischer Radikalismus Angst verbreiten, wenn sich in den meisten Ländern derzeit eine die rechtlich festgeschriebene Gleichheit aller Menschen ausschaltende Elitebildung vor allem in Politik, Ökonomie und Medienwelt vollzieht, dann brennt die Integration der Gesellschaft auf den Nägeln. In solchem Klima gedeihen Fundamentalismen von oben wie von unten, von rechts wie von links als vereindeutigende, angeblich alternativlose Reaktionen auf eine komplexer, unübersichtlich und kälter werdende Gesellschaft. Die Schere der Moderne zwischen der uneindeutig, plural und ambivalent gewordenen Welt (Gesellschaft, Wissenschaft, Religion usw.) und dem Zwang, sich in unserer Risikogesellschaft permanent persönlich entscheiden und verantwortlich verhalten zu müssen (Bauman, Gross, Beck, Ehrenberg, Bröckling, Neiman u.a.), wird immer wieder auf eine Seite hin verabsolutiert. Entweder man setzt auf absolut gültige Wahrheiten, die es als ‚Fundamente' des Lebens und Zusammenlebens zu akzeptieren gilt, oder man setzt auf das sich im Rahmen des Grundgesetzes selbst inszenierende Subjekt: In beiden Fällen geschieht insofern Fundamentalismus, als entweder die Relativität und der Symbolcharakter der Welt oder die Subjekt-Werdung durch unsere Begegnungen mit anderen Menschen und der Schöpfungsnatur geleugnet werden. In beiden Fällen fällt offenes Begegnen, Dialogisieren und kritisches wie zustimmendes Miteinanderreden aus, so dass manche solchen Fundamentalismus als „maskierten Nihilismus" bezeichnen (Türcke). An diesen Erfahrungen kann man nochmals beispielhaft sehen, dass Fundamentalismus ein Phänomen unserer typisch westlichen Moderne ist. Auch das Setzen auf Identität von Nationen, von Völkern und der Individuen, auf Authentizität und auf Ganzheitlichkeit kann ebenso eine antimoderne Reaktion auf dem Boden der Moderne sein wie das Überwinden von Sinnkrisen durch therapeutische, religiöse und andere Reinigungen des ursprünglich reinen Selbst oder Volkskörpers. Solche Fundamentalismen vergessen die unhintergehbare Fragilität und schöpfungsmäßige Verletzlichkeit und Sterblichkeit von uns Menschen und der ganzen Schöpfung.

Man kann weitere solche fundamentalisierende Tendenzen und explizite Fundamentalismen finden. Zum Beispiel scheinbar banal: „Fußball ist säkularer Glaubensfundamentalismus. Wer – wie Götze – die Gemeinschaft der Gläubigen verlässt, wird zum Verräter" (Dausend zu dem Wechsel des Spielers Götze von Dortmund nach München). Dies ist modern: Wechsel dominiert das Leben des flexibel-globalisierten Menschen, und zugleich wächst in diesen Brüchen und Neuanfängen die Sehnsucht nach Halt und Beständigkeit, nach Verwurzelung und Treue, nach dem Gefühl, zu einer Gruppe von Gleichgesinnten und mit sinnvollen Angeboten zu gehören.

Gezeigt werden sollte mit diesem Ausgriff auf den gesellschaftlichen Kontext, dass in diesem Horizont auch die Erscheinungen eines protestantischen (und römisch-katholischen ‚vorneuzeitlichen') Fundamentalismus und seiner Selbstbegründungen liegen. Selbstverständlich muss nicht jede Kritik an der politisch elitär, ökonomisch einseitig und kulturell beinahe autistisch gewordenen Moderne, an der kalten, technokratischen, kapitalistischen, flüchtigen, anonymisierenden, sozial und kulturell spaltenden, überfordernden und ermüdenden, vielleicht sogar derzeit erschöpften Moderne ‚fundamentalistisch' sein, wohl aber ist eine Kritik dann selbst fundamentalistisch, wenn sie sich gegen die Relativierungen und gegen die Fundamentalismen ihrerseits selbst absolut setzt, wenn sie um einer absolut gesetzten Glaubenswahrheit oder ‚Ideologie' willen Menschen anderer Anschauungen ausgrenzt und wenn sie dadurch die Würde der Mitmenschen missachtet. Diese Erscheinungen von ‚Fundamentalisierung' oder Vereindeutigung können im Folgenden weiter entfaltet werden.

VII. Historische Entwicklungen des (protestantischen) Fundamentalismus

So plural das Christentum und in unserem Fall der Protestantismus seit der Reformation und beschleunigt mit der Aufklärungsepoche und vor allem in der Moderne geworden ist, so plural sind auch die Definitionsversuche von Fundamentalismus als eines Phänomens der Moderne geworden. (Zur Erinnerung: In den USA ist der Fundamentalismus der ‚fundamentalists' vor allem als Reaktion auf neue wissenschaftliche Erkenntnisse wie z.B. der Evolutionstheorie statt einer wörtlich-kreatianischen Schöpfungsvorstellung lebendig. Auf die weltweit durch Kosmopolitisierung entstandenen und sich global vermehrenden Fundamentalismen wird in VIII.10 kurz eingegangen werden. Im Folgenden bleibt der Blick auf den europäischen Protestantismus konzentriert.)

Die Analyse- und Definitionsversuche hängen ab von dem jeweils eigenen Verständnis des christlichen Glaubens in der modernen Gesellschaft. Ist jemand z.B. in den traditionsorientierten Kirchenprotestantismus eingebunden, dann wird er bzw. sie die Grenzen zum Fundamentalismus fließender sehen und diesen erst bei Personen und Gruppierungen mit sektenhaftem, aggressivem Absolutheitsanspruch feststellen. Lebt jemand seinen bzw. ihren Glauben in einer eher kirchenkritischen, also vielleicht kirchentagsorientierten oder gar in einer weitgehend kirchenunabhängigen Form des Christentums, dann wird er bzw. sie fundamentalistische Vorstellungen und Strukturen auch in den evangelischen Landeskirchen finden, z.B. das in seinem konsequenten Verständnis fehlende ‚Priestertum aller Gläubigen' oder die Verpflichtung auf den dreifaltigen Gott bei der Taufe oder das beharrende Festhalten an dem heute für viele nicht mehr verständlichen dreigliedrigen Glaubensbekenntnis der Alten Kirche. Was also der im Umfeld des Protestantismus angesiedelte Fundamentalismus sei, das hängt mit ab vom jeweiligen Betrachter und dessen Verständnis von gelebtem, kirchlich institutionalisiertem, gelehrtem, ritualisiertem Glauben. Was protestantisch ‚normal' sei, das bleibt im Protestantismus seit Luther gerade umstritten, denn es gilt grundsätzlich: ‚ecclesia semper reformanda' (Die Kirche ist ständig zu reformieren: Die Kirche geschieht als ständiger Reformationsprozess, gleichsam als ständiges Überschreiten ihrer selbst (Nancy 2002)). Deswegen ist immer wieder je Situation zu fragen, wie man sich zu solchen Gemeinschaften verhalten kann, die aus „dem Bemühen um die Erneuerung urchristlichen Gemeindelebens entstanden sind und zu denen ökumenische Beziehungen bestehen oder möglich sind", die aber im Normalfall rigorosere Verpflichtungen zum Einhalten der jeweiligen Lehren und Moralvorschriften einfordern.

Im Folgenden werden ohne Vollständigkeit und im Wissen um fließende Grenzen verschiedene *Gruppierungen* genannt (VELKD, 2006), in denen sich *fundamentalistische Tendenzen* finden. (Die traditionellen Fachtermini sind religionswissenschaftlich umstritten, so dass die folgenden Benennungen eher als Vorschläge zu verstehen sind.) Im *freikirchlichen* Bereich sind dies z.B. die Baptisten im „Bund Evangelisch-Freikirchlicher Gemeinden", die im englischen Puritanismus entstanden sind als vom Staat und der Staatskirche unabhängige „Gemeinde der Heiligen" (independents) mit dem Bestreben, die Bibel als Heilige Schrift als alleinige Grundlage für Glauben, Leben und Gemeindeorganisation gelten zu lassen (Stolz, Favre, Gachet, Buchard 2014). Die Evangelisch-methodistische Kirche ist in ähnlicher Weise aus *erwecklichen* Kreisen im 18. Jh. in England hervorgegangen. Hinzu kamen die aus dem Täufertum sich herleitenden, pazifistischen Mennoniten, die die Kindertaufe und den Eid ablehnten, die zurückgezogen in Gemeinden mit hoher Kirchenzucht lebten (und teilweise auch heute so leben, etwa in Friedrichstadt und in der Pfalz und in globaler Verbreitung in den USA, in Mexiko u.a.) und das reformierte Glaubensbekenntnis anerkannten. Von ihnen spalteten sich 1693 die strengeren Amish ab, die im europäischen Raum kaum mehr vorhanden, wohl aber in den USA z.B. in Vermont anzutreffen sind. In diesen Bereich gehören auch die im 17. Jh. in England entstandene, auf ältere spirituelle und mystische Erfahrungen zurückgreifende Religiöse Gemeinschaft der Freunde (Quäker), die im 19. Jh. gegründete „überkonfessionelle Erweckungs- und Heiligungsbewegung" der Heilsarmee, dann verschiedene *Pfingstgemeinden* und *Sondergemeinschaften* wie die Tempelgesellschaft und die Philadelphia-Bewegung, die Doppelmitgliedschaften innerhalb der evangelischen Landeskirchen zulassen. Dann gibt es sogenannte *Sekten*, die sowohl das christliche Traditionsgut wie die Bibel, die hohe Bedeutung der Person Jesu, das Vater-unser-Gebet, Lieder u.a.m. haben als auch sich auf außerchristliche Wahrheits- und Offenbarungsquellen berufen und sich im Normalfall von anderen Glaubensgruppierungen deutlich abgrenzen und ökumenische Kontakte bisweilen ablehnen, so etwa Adventisten, Mormonen, Neuapostolische Kirche, Unitarier, Zeugen Jehovas, Svedenborgianer und weitere *sektenähnliche Gruppierungen*.

Auf parallel entstandene *Weltanschauungsgemeinschaften* wie z.B. die Theosophie, die Anthroposophie, Rosenkreuzer, Spiritismus, auf *Neureligionen* wie Hare Krishna, Scientologen, auf New Age-Bewegungen mit *esoterischen* Vorstellungen und Praktiken und neuerdings verschiedene *Atheisten-Gruppen* kann nur hingewiesen werden. Dabei ist zu empfehlen, genau hinzuschauen, inwiefern sich in solchen Gemeinschaften aggressiver Abgrenzungswillen, unkritische, gegen (Selbst-) Kritik immunisierende Exklusivitäts- und Absolutheitsansprüche und intolerante Vollkommenheitsbehauptungen finden, teils verbunden mit patriarchal-sexistischen und rassistischen, oft mit antisemitischen Tendenzen.

In Deutschland ist die ‚fromme' Szene bestimmt worden durch pietistische Strömungen und Gruppen, die sogenannten ‚Stillen im Lande', durch die Herrnhuter Brüdergemeine und durch die Erweckungsbewegung ab etwa 1815. Die *Erweckungsbewegung* war eine vor allem von Laien getragene, in sich vielgestaltige Frömmigkeitsbewegung, die dann ab etwa 1830 teilweise in einen kirchlich-theologischen (Neo-) Konfessionalismus und politisch-sozialen Konservatismus mündete. Die ‚Erweckung' hinterließ tiefe Spuren im Blick auf die diakonischen, sozialethischen Aufgaben und Institutionen der Kirchen, auf die Innere und Äußere Mission, auf Evangelisation und Bekehrungspraktiken, auf Liebestätigkeit und auf das Laienelement als Aufwertung auch der unteren Volksschichten. Konstitutiv waren und sind die Ablehnung des kirchlichen und vor allem theologischen ‚Rationalismus' in dem Sinne, dass die ‚Rationalisten' meinen, den Sinn von Bibeltexten mittels historisch-kritischer Exegese erheben zu können. Aber die ‚Erweckten' waren ihrerseits in dem Sinne ebenfalls Rationalisten, als sie alle Geschehnisse gleichsam beweisend auf Gottes Wirken und Eingreifen zurückführen können und jeglichen Zufall aus dem ihnen offenbarten Blickwinkel Gottes rationalisieren können, z.B. als Bußruf oder als Strafe. Ebenso grundlegend sind das Pochen auf einen persönlichen

Bekehrungs- und Glaubensbezug mit erbaulichen Elementen, die bewusste Zuwendung zur Bibel als des ‚objektiv' wahren Offenbarungsbuches, ein starkes Sünden- und Versöhnungsbewusstsein, charismatische und visionäre Züge, spirituelle Praktiken vom Beten bis zu Geisteraustreibungen, die Erfahrung der Bruderschaft der Entschiedenen (z.B. Evangelische Allianz), oft verbunden mit apokalyptischer Erwartung des nahen Gottesreiches. Religionspolitisch schwanken die Einstellungen von theokratischen Intentionen eines ‚Reiches Gottes auf Erden' über distanzierte Anpassung an die jeweilige Landeskirche(n) bis zu tendenziell laizistischem Rückzug ins Private. Dass sie damit zu Vorreitern und Kämpfern für Religionsfreiheit wurden, gehört zusammen mit ihrem Eintreten für eine persönliche Glaubenshaltung zu ihren Beiträgen zur Konstituierung der Moderne.

Der *Pietismus* hat sich in zwei Etappen entwickelt: Die erste Welle ging im Umfeld des Protestantismus auf eine interkonfessionelle Bewegung im 17. Jh. zurück, die sich sowohl gegen die kirchliche Erstarrung und protestantische Orthodoxie wandte als auch die damaligen wirtschaftlichen und politischen Erschütterungen aufzufangen versuchte. Die „Herzensfrömmigkeit", verbunden mit frommer Selbstbetrachtung, äußert sich in guten Werken in Abhebung von der „Welt" mit ihren Vergnügungen wie Tanz, Kartenspiel, Theater u.a. Eine asketisch-gesetzliche Regelung des Lebens, das Zusammenkommen in entsprechenden Gesinnungsgemeinschaften, das andächtige Lesen der Bibel, erbauliches Predigen usw. brachten eine Belebung des Protestantismus. So stiess Philipp Jakob Spener (1635-1705) im deutschen Luthertum die Türen in Richtung Pietismus auf, angeregt durch den freikirchlich geprägten Calvinismus in Genf und durch die asketisch-mystische Erbauungsliteratur von Johann Arndt und englischer Puritaner. In seiner „Pia desideria" von 1675 kritisierte er die damaligen kirchlichen Zustände und legte sechs Reformvorschläge vor: intensivere Beschäftigung mit dem Wort Gottes der Bibel, geistliches Priestertum auch der Laien, Glaube als Tat und weniger als Wissen, Toleranz in Religionsstreitigkeiten, Reform des Theologiestudiums und erbauliches Predigen. Unter Speners Einfluss erhielt die Universität Halle eine pietistische theologische Fakultät. August Hermann Francke (1663-1727) verknüpfte diese ‚fromme' Fakultät mit den von ihm eingerichteten Anstalten und begründete mit dieser Kooperation den speziellen Hallischen Pietismus aus tiefem Glauben und Engagement für die Nöte der Welt. Neben diesem hallischen und dem württembergischen Pietismus, der im Gegensatz zum radikalen, sektiererischen Pietismus etwa von Gottfried Arnold (1666-1714) und Konrad Dippel (1673-1734) den Kontakt zu den Landeskirchen hielt, entstand als dritter großer Zweig der von Spener initiierten ‚frommen' Bewegung die eigene Kirchenbildung der Herrnhuter Brüdergemeine des Lutheraners Nikolaus Ludwig Graf von Zinzendorf (1700-1760). Diese Brüderunität sollte eine den konfessionellen Gegensätzen übergeordnete ‚religiöse Zentrale' zur Neubelebung des Christentums sein, wurde aber zu einer Sonderkirche mit allerdings weltweitem Wirkungskreis. Ans Esoterische grenzende und mit bisweilen fundamentalistischer Gültigkeit durchsetzte Lehren sollen gegenüber dem düsteren Pietismus hallischer Prägung eine fröhlich-optimistische Frömmigkeit verbreiten, so dass z.B. der Bußkampf abgelehnt wird. Im Zentrum steht Christus. Die Vertiefung in seine blutigen Male und die meditative Betrachtung seiner Seitenwunde werden zu einem Kult. Das Abendmahl wird hoch geschätzt. Die Ehe wird entgegen lutherischer Tradition einem Sakrament ähnlich, der eheliche Geschlechtsverkehr wird zum göttlichen Mysterium, die Trinität zum Urbild der ‚heiligen Familie' aus „Papa (sc. Gott Vater), Mama (sc. Heiliger Geist) und ihr Flämmlein, Bruder Lämmlein (sc. der Sohn als Opferlamm Jesus Christus)". Nicht zu übersehen war die konventikelhafte Enge des Herrnhutertums, das vom hallischen Pietismus und von den ‚Orthodoxen' zunehmend bekämpft wurde, aber in Friedrich Schleiermacher (1768-1834) einen herausragenden Vermittler in den Protestantismus fand.

Die zweite Gestalt bekam der Pietismus durch die genannte, vor allem in Württemberg wirksame „Erweckungsbewegung" ab etwa 1815, die einen herzensfrommen, biblisch-supranaturalistisch orientierten, diakonisch tätigen und missionierenden „modernen Pietismus" hervorbrachte, der in mehr oder weniger offenen Konventikeln bis in unsere Zeit hinein eine ‚fromme' Form des Protestantismus verkörpert. „Das Entscheidende ist für die Erweckung wie für den Pietismus das Individuelle" (Gunther Wenz) – und darin sind beide eben ‚Kinder' der Moderne, die sie ihrerseits bekämpfen.

Wer nach fundamentalistischen Tendenzen im Christentum fragt, muss die *Evangelikale Bewegung* mit einbeziehen: „Geht man von der historischen Feststellung aus, daß die evangelikale Bewegung sich in polemischer Abgrenzung aus dem *Fundamentalismus* der 20er Jahre des 20.Jh.s entwickelt hat und daß sie auf jeden Fall eine Reaktion gegen den ‚liberalen Modernismus' darstellt, dann wird deutlich, daß ... die evangelikale Bewegung ein Stück Reaktion übernommen, sich aber anders als der Fundamentalismus der Moderne geöffnet und sie mitgestaltet (hat)" (Geldbach 1986, 1187). Dies zeigt sich vor allem in der gemeinsamen Focussierung auf das Individuum und zugleich in der Abgrenzung von der Moderne durch den Rekurs auf ‚feste' Glaubenswahrheiten. (Hier zeigt es sich wieder, wie schwierig Definitionen solcher ‚fundamentalisierender' Bewegungen durchzuführen sind.)

Bei der Verbreitung fundamentalistischer Vorstellungen spielen für die beteiligten christlichen Gruppierungen die Neuen Medien eine immer wichtigere Rolle, zumal diese oft mit neurechtem, rechtsradikalem Material vermischt sind. Im protestantischen Bereich sind es vor allem die Deutsche Evangelische Allianz (DEA; s. www.ead.de) und die ihr nahe stehenden Medien wie *idea* und *medrum* (Strube 2013). Sie beziehen sich oft positiv auf sogen. Scharnierorgane wie die Berliner Wochenzeitung *Junge Freiheit* und zeigen Züge rechtsextremer, antidemokratischer, auch rassistischer und sexistischer Einstellungen. Mal wird der Holocaust relativiert, mal werden der ‚Babycaust' (gegen Abtreibung), Homosexualität und sexuelle Libertinage gebrandmarkt, mal wird der EU-Beitritt der islamischen Türkei aus religionspolitischen Gründen (z.B. auf Grund der dortigen Unterdrückung der Christen) abgelehnt. Bibeltreue, Inspirationstheorie und Sündhaftigkeitsbekenntnis, Bekehrung und Kampf gegen die gottlose Welt werden angemahnt und das grassierende Heidentum angeprangert. In der „Theologischen Basis" werden die Glaubensklassiker eingefordert: Allmacht und Allwissenheit Gottes, Gnade, Heilsplan, beginnend mit der (wörtlich aus 1. Mose 1 vorgestellten) Schöpfung über die Heilstatsache des stellvertretenden Sühnopfertodes des ‚Heilandes' Jesus Christus und seiner Wiederkunft am Ende der Zeiten zum endgültigen Gericht.

VIII. Fundamentalisierende Elemente im Protestantismus

Die Aufgabe besteht nun darin, den gegenwärtigen Protestantismus in seinen jeweils als genuin christlich behaupteten Erscheinungsweisen auf *Fundamentalismen* hin zu analysieren, in denen formal und inhaltlich kritische Aufklärung, In-Frage-Stellen und Diskussion, permanentes Reformieren und Aufgeschlossensein für veränderbare Praktiken und für Demokratisierung, das Einstehen für Grund- und Menschenrechte und für die Anerkennung Andersgläubiger selbst bei Ablehnung von deren Glaubensüberzeugung mehr oder weniger offen verweigert werden und stattdessen nicht-hinterfragbare (Glaubens-) Wahrheiten, kritiklos zu akzeptierende Setzungen in der Lebensgestaltung, in christlichen Institutionen, in Lehre und Moral vorgesetzt werden. Entsprechend lassen sich bei aller persönlichen Voreinstellung Merkmale herausstellen, die in alltagsweltlicher, laientheologischer und theologisch-wissenschaftlicher Sicht plausibel machen können, was unter *protestantischem Fundamentalismus inhaltlich* verstanden werden kann. Es handelt sich um den Versuch einer Systematisierung unter vier Aspekten: (1) Persönlicher Frömmigkeitsstil, (2) grundlegende Lehren, (3) Vergemeinschaftungsstile und (4) Moral-Vorstellungen, jeweils verbunden mit Anfragen.

1. Persönlicher Frömmigkeitsstil

Die persönliche Gottes-Erfahrung in der Buße, Bekehrung und Wiedergeburt mit der Heiligung durch gute Werke ist Ausdruck einer Herzensfrömmigkeit, in der Gotteserkenntnis und Selbsterkenntnis, Gottes heilsgeschichtliche Wahrheitsbezeugungen und die Gewissheit des eigenen Auserwähltseins zusammengehören. Zwar ist die Gottes-Erfahrung von Gott dem sündigen Menschen gegeben, aber Gott räumt dem Menschen Entscheidungsfreiheit ein, weshalb dem Christwerden und Christsein großes Gewicht beigemessen wird (Geldbach 1986, 1188). Die Bekehrung ist das ‚modern-individualistische' Grundmuster für frommes Christsein;

deswegen wird die Bekehrung biographisch festgemacht (Stolz, Merten 1991, 17), also als festlegbarer Fixpunkt für das ‚neue Leben' vereindeutigt.

> *„Möchten Sie die persönliche Beziehung zu Gott? (fragt der Kalender 2014 der Stiftung Missionswerk, zum August, und antwortet:) Das geschieht, indem Sie Jesus Christus sagen, dass er in Ihr Herz und Leben einziehen soll. Dabei geht es nicht um wohl formulierte und auswendig gelernte Gebete, sondern um Ihre Herzenshaltung… Vertrauen Sie darauf, dass der Herr Jesus auch für Ihre Sünden die Strafe am Kreuz bezahlt hat und danken Sie ihm dafür. Das nennt die Bibel rettenden ‚Glauben'.*

Entsprechend steht die Glaubenspraxis vor der Lehre. Das heißt genau genommen: Die Lehre ist identisch mit den in der Bibel authentisch überlieferten Heilstatsachen, so dass es eigentlich keine Lehre im Sinne von Interpretieren gibt und keine wissenschaftliche Theologie geben kann. Deswegen ist die persönliche Aneignung der Taten Gottes zur eigenen Errettung und Lebenssicherheit vorrangig gegenüber (laien-)theologischem Denken. Beten und das spirituell, auch erbaulich und charismatisch geprägte Zeugnis-Ablegen stehen im Mittelpunkt der Frömmigkeitspraxis und sind deswegen weit wichtiger als theologische Auseinandersetzungen um die ohnehin feststehenden Heilstatsachen und Glaubenswahrheiten. Diese Alternative von persönlich-emotionaler Vergewisserung des eigenen Errettetseins und Glaubens und der theologisch-reflektierenden Zerstörung des Glaubens setzt voraus, dass emotional-subjektives Glauben verabsolutiert wird. Es ist gleichsam eine umgetaufte Metaphysik, in der in ihrem griechischen Ursprungsdenken die Vernunft (Geist, Logos) dualistisch über das Körperlich-Materielle einschließlich den Gefühlen dominierte, während hier im ‚Erweckungserlebnis' das existentiell-emotionale Glauben das Körperlich-Materielle jetzt einschließlich der Vernunft dualistisch dominiert. Die Dominanz des Emotional-Existentiellen, des gefühlten Glaubens, ist modern, wenn man an Schopenhauers Willens- und Mitleid-Philosophie, an Kierkegaards Existenz-Theologie, an Nietzsches „Willen zur Macht" denkt. Der das Körperlich-Materielle entweder einschließlich Gefühlen oder einschließlich der Vernunft abwertende Dualismus ist Erbe der griechischen Metaphysik. Dem liegt insofern ein reduziertes Verständnis von Denken zugrunde, als Denken als ausschließlich wissenschaftlich methodisch streng verfahrendes, logisches Denken verstanden und praktiziert wird, letztlich als ein logisches Sortieren. Aber Denken kann ebenso durch Einfälle geschehen: ‚Mir geht etwas auf', und von Widerfahrnissen geprägt sein: ‚Mir kommt ein Gedanke', und nicht nur: ‚Ich habe einen Gedanken'.

Es geht um die persönliche Bindung an die objektiv geschehenen, auch beweisbaren Heilstatsachen, z.B. die Tatsache der Auferstehung Jesu und des leeren Grabes, und um die durch den Geist erzeugte und persönlich vollzogene direkte Identifizierung mit diesen biblisch vorgegebenen Heilsfakten und den damit gesetzten Geboten und Verboten über den „garstigen Graben" der Geschichte hinweg. Mit diesem persönlichen Einbezug in die absolute Gottes-Macht werden Unglauben und Angst überwunden, und der versöhnt-wiedergeborene Glaubende vermag sich als ‚Kind Gottes' von der ständig als Anfechtung erlebten ‚Welt' zu distanzieren. Die ‚Welt' dient mit ihren ökonomischen, politischen, technischen, medialen, pädagogischen usw. Möglichkeiten allein dem Weg der (teilweise eskapistischen) Vervollkommnung im Glauben und in der tätigen Nächstenliebe. Wenn man aber die ‚Welt' zur Staffage für Bewährung des eigenen Heilsstandes degradiert, dann wertet man die Schöpfung dualistisch ab.

Gott greift entsprechend einem umfassenden Heilsplan durch seinen Geist direkt in das Leben des einzelnen Menschen ein, ohne Vermittlung durch Menschen, Kirche oder ‚Welt'. Und entsprechend ist der Glaubende unmittelbar zu Gott, der sich als jenseitiger Gott im Diesseits in Wundern, Visionen, Auditionen, sonstigen Offenbarungen als allmächtig und allwissend erweist. Wenn eine Katastrophe wie der Tod eines geliebten Menschen oder eine Naturkatastrophe wie ein Erdbeben hereinbricht, dann lässt sich dieses als Pädagogik Gottes oder im Extremfall als Strafe Gottes erklären. Im Heilsplan Gottes und entsprechend im Glaubenssystem der Betroffenen haben alle und alles ihren und seinen gottgewollten und rational erklärbaren Heils- und Unheilsplatz, auch wenn dies bisweilen nur wenigen Eingeweihten geoffenbart ist. Schuld an Unheilsereignissen trägt der sündige Mensch. Selbst bei Katastrophen wie Erdbeben werden Schuldige ausgemacht. Es gibt für den Gläubigen keine Ereignisse, die nicht heilsgeschichtlich rationalisierbar sind und als sinnlose Ereignisse stehen bleiben würden. Für den Gläubigen ist die Theodizee-Frage insofern schon immer gelöst, als Gott gerecht mit Mensch und Welt umgeht im Guten wie im Bösen, auch wenn die ‚Welt' dies nicht erkennt. Ein universaler Sinn wird in Form der alles umfassenden Heils- und Unheilsgeschichte bei Gott selbst angesiedelt und kann und darf nicht als theologisches oder philosophisches Konstrukt der Menschen verstanden werden, das als menschliche Deutung nie aufgeht, sondern Sinnloses stehen lassen muss (Neiman 2006, 457ff.). Das Problem des Bösen ist „einfach zu massiv, um argumentativ (sc. heilsgeschichtlich) erledigt werden zu können". Auch die Vorsehung, die modern Schicksal heißt, schafft(e) dies nicht: „Unsere beharrlichen Versuche, im Elend Sinn zu finden, sind von Kindheitsphantasien und Verlusterlebnissen gespeist. Da diese Erlebnisse mindestens so allgemein und beharrlich sind wie der Vorsehungsglaube glaubt, sind sie durchaus erklärungskräftig. Erst als der Vorsehungsglaube als Funktion der Triebökonomie durchschaut war (sc. durch Sigmund Freud), haben wir uns von ihm lösen können … Freud nimmt das Symbol der Unbehaustheit ernst und schließt, wir seien eben infantil. Tatsächlich wollen wir ja nur nach Hause – aber wir können es nicht" (Neiman 2006, 336f.). Verständlich, dass eine solche Gratwanderung ständig ins fundamentalistische Zuhause eines hier auf Erden schon erlösenden Jenseits oder ins verdrängende Diesseits zu kippen droht. „Schwanken" ist eine Metapher des Lebens, Sicherheit eine Metapher des Todes (Zilleßen, Gerber 1997, 18-20).

Auf Seiten der ‚Vereindeutiger' können ein starkes bis masochistisches, quälendes Schuld- und Sündenbewusstsein und ein hoher Glaubensdruck entstehen: „Du musst das … glauben", begleitet durch ‚fromme' Gefühle bei gleichzeitiger Abwehr ‚niedriger', vor allem sexueller Emotionen. Die Reinheit ist ein zentrales Symbol dieser Frömmigkeit: reine Bibel, reine Lehre, reines Leben, reine Gedanken …, gegen die unreine ‚Welt' mit ihren verunreinigenden Einstellungen und Heilsangeboten. Diese Frömmigkeit darf nicht mit Fremdartigem vermischt werden und muss ohne Beimischung andersreligiöser Elemente bleiben, damit der ‚Bekehrte' im Stand der reinen Unschuld bleibt.

An solchen Deutungen von Erfahrungen der Gläubigen zeigt sich beispielhaft die moderne Zuspitzung auf das entwurzelte, angstbesetzte Individuum, das mit der Bekehrung dogmatische (absolute) Sicherheit erhält, während der ‚modern-säkulare' Mensch entweder gerade in den Ambivalenzen und seinem kritischen Umgang damit seine ‚Erlösung' findet (Gross 2007) oder sich seine Welt verabsolutiert z.B. durch technokratische Heilserwartungen. Solcher (religiöser) Fundamentalismus der weltentzogenen ‚Sicherheit' wendet sich ebenso wie ein kritisches, stets scheiterndes (auch theologisches) Denken und wie die unsere Welt verabsolutierenden Modernisten gegen die zerstörerischen Seiten der Moderne (und Postmoderne): Der Erste bestreitet die plurale Welt mit dem Glauben an absolute, unumstößliche göttliche Wahrheiten, der Zweite wagt es mit dem schwachen, stets relativen Argument und Wagnis gemeinsamen Protestierens, Dialogisierens und Veränderns und der Dritte mit der Vision der radikalen Vereindeutigung unserer Welt durch Ökonomie, Wissenschaft, Technik, Medien usw.

Sechs Anfragen sollen hier gestellt werden: (1) Ist nicht jede menschliche Erfahrung durch Andere und anderes vermittelt, was mit dem christlichen Bekenntnis und entsprechenden mythologischen Erzählungen von Gott als dem Schöpfer der Welt (Kosmos) und von der Menschwerdung Gottes in der Person Jesus von Nazareth ausgedrückt wird? Gibt es die z.B. von Dietrich Bonhoeffer und Dorothee Sölle kritisierte unmittelbare Betroffenheit im Glauben an den theistischen Gott oder geht es um Begegnung und Dialog, um Antworten und Fragen? Erfahren wir Gott außerhalb unserer mitmenschlichen, geschöpflichen Kommunikationen oder gerade in der Mitmenschlichkeit? „Ist Souveränität das essentielle Wesensmerkmal Gottes – oder ist es die Beziehungsfähigkeit" (Sölle 1990, 235)? Gott erfahren wir nie unmittelbar, gleichsam außerhalb seiner Menschwerdung, sondern stets ‚weltlich', kommunikativ, vermittelt in den Begegnungen mit anderen Menschen und der Schöpfungswelt?

(2) Liegen Gefühle beim Glauben, das Denken im Glauben und das sinnliche Erfahren und Bewähren von Glauben nicht schon immer untrennbar, aber auch nicht identisch ineinander, so dass es weder eindeutige ‚fromm-wahre' Gefühle noch ewig-wahre Glaubensvorstellungen noch irgendwelche beweisbaren ‚frommen' Ereignisse, Personen oder Handlungen geben kann? Der springende Punkt für den glaubenden Christen ist doch nicht die angeblich festigende Wiederholung seiner Annahme der Heils-Tatsachen, denn dann wäre Glauben das reproduzierende Ruhen auf dem Fundament seiner selbst.

(3) Bringt das gehorsame Akzeptieren vorgegebener sicherer Wahrheiten nicht die Gefahr einer Infantilisierung, ja den Verlust eigenständigen Lebens mit sich? Das ständige Achten auf sich selbst, ob man sich auf Grund von gewissen Zeichen und Erfahrungen im Stand des Erretteten befindet und zugleich ein entsprechendes Verhalten regelrecht antrainieren

muss, macht ein Erwachsenwerden im Glauben schwierig (Lempp 1996, 42ff., 125ff., 151ff.). Die im ‚System' gegebene Selbstbezogenheit enthält die Gefahr, dass Angst vor Neuem und dessen Abwehr, der Wunsch nach fortwährender Abhängigkeit, das Ummünzen von Mitgefühl in Korrektheit mit Strafandrohungen von Gott und von berufenen Menschen, die infantile Gut-böse-Alternative die für Erwachsenwerden die für verantwortliches Leben notwendige Offenheit und Dialogfähigkeit nicht zulassen. Hierzu ein Zitat aus der Zeitschrift Chrismon: „Wir können nicht erwachsen werden, wenn wir zugleich alles dafür tun, jung zu bleiben. Erwachsen werden bedeutet, Dinge loszulassen, anstatt eine Lebensphase, die man schon sehr gut kennt, immer wieder zu verlängern. Es bedeutet, dass man aufhört, mit der Vergangenheit zu hadern, und sich damit anfreundet, dass wir nicht planen können, was passiert".

(4) Stehen sich objektiv-göttliche, ewige Wahrheitswelt und der persönlich um Bekehrung ringende Mensch als zwei Pole gegenüber, wie im vorneuzeitlichen, ursprünglich platonischen Modell der Objekt-Subjekt-Spaltung, das z.B. in modern-selbstkritischen Wissenschaften einschließlich der meisten Philosophen und protestantischen Theologien als überholt gilt?

Wenn man sich Gott wie die Spitze einer Pyramide oder als die in sich ruhende, von allem außerhalb seiner unabhängige höchste Kraft oder Person vorstellt und ihm Allmacht und Allwissenheit zuschreibt, dann fehlt dem Sünder der mit ihm leidende Gott (Bonhoeffer 1959, 244f.). „Was ist Gott? Nicht zuerst ein allgemeiner Gottesglaube an Gottes Allmacht etc. Das ist keine echte Gotteserfahrung, sondern ein Stück prolongierter Welt. Begegnung mit Jesus Christus. Erfahrung, daß hier eine Umkehrung alles menschlichen Seins gegeben ist, darin, daß Jesus nur ‚für andere da ist'. Das ‚Für-andere-da-sein' Jesu ist die Transzendenzerfahrung! Aus der Freiheit von sich selbst, aus dem ‚Für-andere-da-sein' bis zum Tod entspringt erst die Allmacht, Allwissenheit, Allgegenwart. Glaube ist das Teilnehmen an diesem Sein Jesu. (Menschwerdung, Kreuz, Auferstehung.) Unser Verhältnis zu Gott ist kein ‚religiöses' zu einem denkbar höchsten, mächtigsten, besten Wesen – dies ist keine echte Transzendenz -,sondern unser Verhältnis zu Gott ist ein neues Leben im ‚Dasein-für-andere', in der Teilnahme am Sein Jesu" (Bonhoeffer 1959, 259f.).

(5) Im Blick auf das Gottes-Bild steht das Kriterium der beurteilenden Gerechtigkeit dominierend im Vordergrund gegenüber Beziehungsformen wie Barmherzigkeit, Liebe, Vertrauen. (Diese Priorisierung des Rechtlich-Ausgleichenden erinnert an die Begründung des stellvertretenden Sühnopfers des Gottessohnes in der Schrift „Warum Gott Mensch

wurde" des Theologen Anselm von Canterbury (1033-1109), der mit seiner juristischen Satisfaktions-Theorie die römisch-katholische Christologie und Eucharistie prägte. Der Gottes-Sohn musste an Stelle der sündigen Menschheit die Ehre von Gott-Vater wieder herstellen, was gerechterweise nur durch das stellvertretende Sühnopfer möglich war und ist.) So wie der Mensch handelt, so wird er entsprechend von Gott gerecht behandelt. Aber hat nicht derjenige, der das Verhältnis von Gott und Mensch im Tun-Ergehen-Schema darstellt, das Vertrauen in Gott, Menschen und Welt verloren? In der Bibel, z.B. im Deuteronomium (5. Mose-Buch) und an etlichen Stellen in den Königsbüchern, findet sich dieses kausalierende Vergeltungsschema für Gute und Böse, um die Zukunft in der Gegenwart bestimmen zu können. Aber: „Man kann das Leben nur rückwärts verstehen, aber leben muss man es vorwärts" (Kierkegaard) – „wer sein Leben wie die Mehrzahl der Könige Israels nach vorwärts absichert und es nicht wie der König von Ninive in die Hand des fremden Gottes zu geben vermag, der hat sich vom Leben und Verstehen, eben vom Prophetischen, verabschiedet" (Gerber 2012, 130). Und das gilt lt. dem Deuteronomium und dem späteren Deuteronomisten als Verfasser oder Redakteur der Königsbücher und lt. Kierkegaard für alle Menschen, ob sie an einen Gott oder ähnliches oder an nichts glauben.

(6) Noch einen Frage-Schritt weiter: Dietrich Bonhoeffer hatte um der Redlichkeit des mündigen Menschen willen formuliert, „daß wir in der Welt leben müssen – ‚etsi deus non daretur'. Und eben dies erkennen wir – vor Gott! Gott selbst zwingt uns zu dieser Erkenntnis. So führt uns unser Mündigwerden zu einer wahrhaftigen Erkenntnis unserer Lage vor Gott. Gott gibt uns zu wissen, daß wir leben müssen als solche, die mit dem Leben ohne Gott fertig werden. Der Gott, der mit uns ist, ist der Gott, der uns verläßt (Markus 15, 34)! … Gott läßt sich aus der Welt herausdrängen ans Kreuz, Gott ist ohnmächtig und schwach in der Welt und gerade und nur so ist er bei uns und hilft uns. Es ist Matth. 8, 17 ganz deutlich, daß Christus nicht hilft kraft seiner Allmacht, sondern kraft seiner Schwachheit, seines Leidens!" (Bonhoeffer 1959, 241f.). So wie im fundamentalistischen Gottes-Bild das paradoxe Handeln von Selbstbezug und Selbstentzug fehlt, so fehlt dieses Paradox auch im schwarz-weiß-dualistischen Menschen-Bild. Aus Luthers ‚Sünder und Gerechter zugleich', simul iustus ac peccator, ist ein entweder Sünder oder Gerechter geworden.

Dahinter steht die Vorstellung, dass wir Menschen uns frei entscheiden könnten, wenn Gott uns gegenübertritt. Läuft das Widerfahrnis von Vertrauen und Liebe so ab, dass wir uns entscheiden können oder kommt die vertrauende, liebende Person auf uns zu und befreit uns zu eigenem Antworten? Wird uns Freiheit also nicht vom Anderen im Namen Gottes geschenkt, also gerade nicht als eigene Wahl- und Entscheidungsfreiheit? Auf das Vertrauen des Anderen zu uns können wir nur mit unserem Vertrauen antworten und dieses Widerfahrnis als Geschenk Gottes durch den Anderen bekennen. Etwas anderes geschieht, wenn wir dem Anderen einen Gegenstand anvertrauen, also etwas außerhalb unserer persönlichen Beziehung ihm übergeben in der Meinung, dass es bei ihm gut aufgehoben sei. Dabei geht es nicht um Vertrauen von Person zu Person, sondern im Blick auf ein Drittes, einen Gegenstand. Es ist dieselbe Kritik an dem Freiheitskonzept der ‚Frommen' wie sie schon Luther gegen Erasmus und gegen die römisch-katholische Glaubens- und Gnadenlehre geführt hat.

2. Grundlegende Lehren

Zu den theologischen Grundwahrheiten gehören im Allgemeinen drei Punkte:

((1)) Die Bibel (Heilige Schrift) als Grundlage und Richtschnur

Im Mittelpunkt des Glaubens stehen die ‚objektive' Bibel und ‚subjektiv' eine ausgeprägte Bibel-Frömmigkeit. Die *Bibel* gilt als Heilige Schrift und entsprechend als exklusive Grundlage und als höchste Autorität und Entscheidungsinstanz für Glauben, Leben, Lehre und Handeln. Sie gilt als von Gottes Geist inspiriert, sei es, dass die damaligen Schreiber unter Eingebung des Geistes Gottes die erzählten Geschichten und überlieferten Worte aufgeschrieben haben, oder dass die Bibel direkt den Schreibern eingegeben wurde und diese so etwas wie die Instrumente Gottes waren (wie es die meisten Muslime für die Entstehung des Korans durch Mohammed annehmen). Entsprechend gilt die Heilige Schrift als irrtumslos, fehlerfrei und unfehlbar und stellt die Norm für Leben und Lehre der Kirche bzw. der Gemeinschaft und des Einzelnen dar. Deswegen wird die wissenschaftliche historisch-kritische Exegese abgelehnt. Zwei Beispiele seien angeführt: In der Thora (fünf Bücher Mose) und in den alttestamentlichen

Geschichtsbüchern finden sich verschiedene Quellen J (Jahwist), P (Priesterschrift) und Dtn (Deuteronomist) und Redaktionen. Im Neuen Testament findet sich in den Evangelien die dreimalige Ankündigung Jesu, dass er leiden, sterben und auferstehen werde; aber diese stammen nicht von Jesus selbst, sondern sind erst nach Ostern als Glaubensaussagen in Gemeinden formuliert und dann in das Leben Jesu zurückdatiert worden. Solche historisch rekonstruierende Exegese wird ebenso abgelehnt wie hermeneutische, also interpretierende Schriftauslegung. Nur die eigentliche, nämlich spirituelle, vom Geist Gottes auserwählten ‚Frommen' eingegebene Auslegung im Sinne von beispielhaften Verdeutlichungen zählt. Anderslautende Interpretationen werden zurückgewiesen und manchmal als Teufelswerk niedergemacht, oftmals in beleidigendem, nicht gerade christlichem Ton.

Das Evangelium nach Johannes ... ist ein Teil der Bibel und bildet mit drei weiteren Evangelien den Anfang des Neuen Testaments. Es beinhaltet neben wertvoller historischer Überlieferung die Biographie einer einzigartigen Persönlichkeit – der Person Jesus Christus (Kalender 2014 der Stiftung Missionswerk, zum November). – (Die beiden folgenden Leserbriefe beziehen sich auf ein Interview der Badischen Zeitung mit dem Autor vom 24. Dezember 2013 zur lukanischen Weihnachtsgeschichte: ‚Jesus würde sagen: Feiert anders'.) In dem ... Interview behauptet Professor Dr. Uwe Gerber, dass die Weihnachtsgeschichte nur eine Legende sei. Zur Erinnerung: Eine Legende ist eine nicht verbürgte Erzählung. Nun berichten die beiden Evangelisten Markus – dort im ersten Kapitel – und Lukas in Lukas 2, anschaulich und teilweise sehr detailliert von Jesu Geburt. Und diese Evangelien – Markus und Lukas – sind nun einmal Bestandteil der Bibel. Des Wortes Gottes. Und dieses Wort ist uns irrtumsfrei als Göttliche Wahrheit gegeben (Zitat aus einem Leserbrief in: Badische Zeitung vom 2.1.2014, 25). – Armer Professor Gerber, der seinen Glauben (an was eigentlich?) auf ‚Legenden' begründet ... Die Weihnachtsbotschaft lautet auch heute noch, dass Gott will, dass sich die Menschen zu ihm wenden (Leserbrief). – „Da also das, was die inspirierten Verfasser aussagen, zugleich vom Heiligen Geist ausgesagt ist, ist von den Büchern der Heiligen Schrift in ihrer ursprünglichen sprachlichen Gestalt zu bekennen, dass sie zuverlässig und ohne Irrtum das wahre Wort Gottes, das verlässliche Zeugnis seiner Offenbarung und das zu unserer Erlösung gegebene Heilswort sind", mit Bezug auf Joh 20, 30f.; Röm 15, 4; 1 Kor 10, 11; 2

Tim 3, 15-4,4; Apk 22, 18f. (aus: Glaubensbasis der Freien Theologischen Hochschule Gießen).

Die Frage bleibt dann, wer oder was in welcher Weise vor willkürlicher, subjektiv-spiritueller Interpretation schützt, wenn theologisches Denken und Forschen nur auf Eingebung, Erleuchtung, Visionen beruhen sollen? Welche Verbindlichkeit und Normativität besitzen ‚pneumatische', vom Geist Gottes eingegebene Aussagen? Ist nicht jede, auch biblisch-christliche Vorstellung und jede christliche Lehre symbolisch, beispielhaft und relativ im Sinne von begegnungshaft und damit als fehlbar zu verstehen, da wir Menschen die Wirklichkeit, auch diejenige Gottes, nie ‚als solche' erfahren, verstehen und aussagen können (Gerber 2013, 85ff.)? Es geht nicht um die meistens ins Feld geführte falsche Alternative von persönlichem Glauben und theologischer Erkenntnis, sondern um deren unauflösbares Zueinander und Gegeneinander, aus dem man nur fundamentalistisch herausspringen kann in Richtung ‚biblischer Heilstatsachen' ohne Theologie oder deren wissenschaftlicher Widerlegung ebenfalls ohne Theologie.

Die Charakterisierung von Glauben, Beten, Bibellesen, Visionen, Zungenreden, Gesundmachen durch Handauflegung und anderer ‚Charismata' mit dem Sammelbegriff des Pneumatischen (griech. pneuma=Geist) oder Spirituellen (lat. Spiritus=Geist) bzw. Spiritualität, ist zu hinterfragen. Unproblematisch bleiben solche Erfahrungen, solange der einzelne Gläubige seine spirituellen Eingebungen und Äußerungen nur auf sich selbst verpflichtend bezieht und diese nicht für Andere für bindend erklärt im Namen des einzig richtigen christlichen Glaubens. Sonst werden Glauben und bestimmte Satzwahrheiten und ‚geistliche' Praktiken plötzlich identisch, was als Vereindeutigen und Fundamentalisieren bezeichnet und abgelehnt wird. Die meisten der ‚frommen' Gruppierungen und auch die im 20. Jahrhundert entstandenen Kommunitäten verstehen unter Spiritualität „reflektierende Unmittelbarkeit" bei kontinuierlicher Übung, nämlich: Beten, Stillewerden (mit und ohne Atemübungen), Retraiten mit Meditieren, Tanzen und geistlichem Dialogisieren, mit Leibspiritualität und Kontemplation, bisweilen mit Trance und Rauschhaftem. Manchmal mischen sich mystische bis mysteriöse Praktiken unter, spiritistische, asketische, mentalitäts-, kultur- und geschlechtsspezifische und auch esoterische Elemente (Wiggermann 2000, 711-713). Fundamentalisierend und jeglicher Kommunikation entzogen werden solche Praktiken von Spiritualität, wenn mit und in ihnen unsere Fragilität, Vergänglichkeit, Zweifel, Anfechtungen, Verluste übersprungen werden sollen und eine himmlische Existenz auf Erden ‚geistlich' antizipiert werden soll.

((2)) Gottes Heilswerk (Soteriologie)

Den Hauptinhalt der Heiligen Schrift stellt *Gottes Rettungswerk* dar, das in folgendem Grundmuster vorgestellt wird: Die ersten Menschen Adam und Eva lebten ohne Sünde im Paradies und erlagen einst der Versuchung, vom Baum der Erkenntnis zu essen (1. Mose 3). Gott hatte ihnen verboten, vom Erkenntnis-Baum zu essen, und sie versündigten sich gegen Gott, indem sie dieses Verbot übertraten. Seither sind die Urelten und alle ihre Nachkommen unfähig, ein sündloses Leben zu führen, was sie eigentlich als Geschöpfe Gottes zu tun hätten. Für diese Verletzung der Ehre Gottes stand ihm Genugtuung zu, die aber kein Mensch erbringen kann, und die er aber auch nicht selbst erbringen darf. Also musste ein Dritter Satisfaktion leisten. Deswegen sandte Gott seinen sündlosen Sohn in die Welt, damit dieser durch ein sündloses Leben und durch seinen satisfaktorischen Tod Gottes Ehre wieder herstelle. Dieser Gottessohn trug am Kreuz die Sünden der gefallenen Menschheit und ermöglichte durch sein stellvertretendes Sühnopfer die Erlösung der ‚Welt'. Dieses Sünden- und Heilsdrama läuft heilsgeschichtlich wie ein juristisch auf Genugtuung abzielender Prozess ab als Überwindung der Unheils- und Verfallsgeschichte dieser unserer Welt.

Hier sind einige Rückfragen zu stellen: Die Evangelisten, Luther, Bonhoeffer u.a.m. sehen Jesus nicht als stellvertretendes Sühnopfer von und für Gott und für uns Menschen, sondern als Gewalt-Opfer von uns Menschen mit der Ermöglichung und Mahnung, mit dem gegenseitigen Opfern aufzuhören und sich auf die Seite der Opfer zu stellen (Girard 1983, 187ff., 232ff.). Es gibt keine heilige, also ‚sakrifizierte' Gewalt einer Opferung, sondern nur menschliches, also sündhaftes Opfern.

In der Bibel gibt es zusammen mit dieser Sühnopfer-Christologie andere Heilsbilder im Blick auf Jesus: Guter Hirte, Logos (Joh 1), Menschensohn, Engel Gottes, Weisheit Gottes u.a.m. Diese Vielfalt der biblischen Retter- und Heiland-Vorstellungen verlangt und fördert das christologische Gespräch ohne Exklusivität und Absolutheitsansprüche.

Der Theologe Klaus-Peter Jörns hat die Sühnopfer-Theologie einer grundsätzlichen Kritik unterzogen: „Das Christentum als Erlösungsreligion verspricht, uns Menschen aufgrund des Leidens Christi und durch unsere Teilnahme am Sakrament von unserem sündigen Wesen und von der daraus resultierenden Sterblichkeit zu erlösen" (Jörns 2006, 328). „Man kann sagen: Erlösung ist die substantiell vorgestellte Verwandlung des monadischen Menschen in seinem ‚Kern' weg vom Bösen hin zum Guten. Rechtfertigung und Versöhnung beschreiben hingegen die von Gott ‚von außen' in einem Akt der Barmherzigkeit mit dem ‚in sich' sündig und schuldig bleibenden Menschen geknüpfte, neue, rechtfertigende Beziehung. Dahinter steht die Alternative von Substanz-Denken oder Relationen-Denken, vom Denken in ‚objektiven' Eigenschaften oder in ‚relativen' Begegnungsweisen, von Identität oder Differenz" (Gerber 2008, 47). In der Sühnopfer-Theologie tritt das Opfer zwischen Gott und Mensch und „zerstört die Direktheit zu Gott, die Jesus uns eröffnet und im Vaterunser mit den wesentlichen Gedanken ausgestaltet hat" (Jörns 2006,328). Wer an dieser Sühnopfer-Theologie festhält, wird Jesu Weg der Gewaltlosigkeit nicht gehen wollen. Friedenskirchen wie die Mennoniten, Amish, Hutterer, Quäker, die „Kirche der Brüder", die Böhmischen Brüder und andere ‚Protestanten' haben in der Nachfolge Jesu den Kriegsdienst verweigert und vielfach Martyrien auf sich genommen.

Die nächste Frage lautet dann: Geht es zwischen Gott und uns Menschen um Liebe oder um ausgleichend strafende und belohnende Gerechtigkeit im juristischen Ausgleichsschema? Schenkt uns Gott sein Vertrauen oder steht die Pflicht zum gehorsamen Imitieren im Vordergrund? Begegnet uns Gott mit Barmherzigkeit oder verlangt er zuerst Gesetzestreue? Manche religiösen Gemeinschaften konstruieren ihre Identität mit Hilfe des bzw. eines einzuhaltenden Gesetzes, z.B. mit der gezeigten ‚gesetzlich-juristischen' Sühnopfertheorie, statt dass der Wunsch nach ‚frommer' Identität auf der Ebene von theologischen Sinnkonstrukten belassen wird, denen Glauben als widerfahrendes und entsprechend unverfügbares Geschenk Gottes durch andere Menschen schon immer voraus liegt (Gerber 2013, 51ff.; Liebsch 2010, 77).

Diese Sühnopfer-Christologie übergeht den ‚historischen', für uns heute in Umrissen erkennbaren Jesus von Nazareth mittels eines juristischen Ausgleichsschemas, das Jesus seinerseits nie vertreten und gegen das er sogar explizit gehandelt hat. Jesus hat sein Leiden und Sterben sicher nicht als Darbringung eines stellvertretenden Sühnopfers verstanden (Ohly 2013, 18ff., 45ff., 161ff.).

((3)) Glauben als frommes Für-wahr-Halten der Heilstatsachen

Das Heilswerk Gottes wird im *persönlichen Glauben* und in *persönlicher Frömmigkeit* angeeignet, so wie man sich als autonomes Subjekt im klassischen dualistischen Modell Wahrheit aus einem objektiv vorgegebenen Fundus in persönlicher geistgeleiteter Überzeugung holt. Das erinnert an das Erkenntnismodell der griechischen Metaphysik, wonach man aus einem platonischen Ideenhimmel Erleuchtung als Schau der Wahrheit erhält, oder dass man analog aus der inspirierten Bibel durch eine Geisteingebung zu Gott findet, oder dass man in dem römisch-katholischen, geistgeleitet tradierten „Schatz der Kirche" durch gehorsame Übernahme unfehlbare Weisung bekommt und dass durch die Einnahme der eucharistischen Elemente Brot und Wein als Leib und Blut Christi ein sakramentaler Zugewinn im Heilsstand stattfindet. Fundamentalismus liegt bei diesen drei analogen Heilszugängen dann vor, wenn dieses Heilswerk als in sich geschlossenes ‚System' kritischem Denken entzogen und gleichsam als zu akzeptierendes Glaubenspaket vorgesetzt wird, das aber emotional-existentiell angeeignet werden muss, um die Zugehörigkeit zu den ‚Auserwählten' zu dokumentieren. Dabei wird die Entscheidungsfreiheit des Menschen in Sachen seines Heils im Gegensatz zu Luthers Lehre vom unfreien Willen, aber in Übereinstimmung mit Erasmus von Rotterdam und der römischen Kirchenlehre logischerweise vorausgesetzt. Der Protestantismus lehnt die Willensfreiheit als moralische Wahlfreiheit nicht ab, wenn es um das soziale, juristische, politische Wohl der Menschen und um die Erhaltung der Schöpfung geht, wohl aber lehnt der Protestantismus mit seiner Lehre vom rechtfertigenden Gnadenhandelns allein von Gottes Seite aus jegliche Willensfreiheit im Erwerben des Heils ab. Im Ausüben der Wahlfreiheit wird derjenige schuldig durch unrechtes Tun, der gegen Recht und Gesetz verstößt. Die mythologische Erzählung vom Sündenfall Adams und Evas in 1. Mose 3 möchte verdeutlichen, dass alle Menschen insofern sündig sind und sich gegen diese Sünde nicht entscheiden können, als wir Menschen uns schon immer gegenseitig verfehlen. Dies ist nicht moralisch gemeint, sondern gleichsam vormoralisch-universell. Hier geht es nicht um Moral und Schuld, sondern um die diesen beiden Erfahrungen vorausliegende Existenzbestimmtheit des Menschen als eines ‚Sünders', die Moral und Schuld evoziert. Der Mensch wählt nicht die Sünde, sondern er lebt mit seinen Fähigkeiten und Möglichkeiten schon immer in der Sünde in dem Sinne, dass er sich, sein Leben, die Anderen und die Welt von sich selbst aus schon immer verfehlt (hat). Dieses Sich- und Anderen-Hinterhersein ist der Sünden-Riss in menschlicher Existenz und Kommunikation. Sünde in dieser beziehungsbestimmten Interpretation liegt der rechtlich-moralischen Schulderfahrung voraus und sie kann vom Menschen nicht abgewählt, sondern sie muss ihm in einem Versöhnungs- und Vergebungswiderfahrnis ‚von außen' – symbolisch als Gott bezeichnet – ‚vergeben' werden. Damit ist zugleich gesagt, dass der Anspruch der anderen Menschen als Repräsentanten Gottes unerfüllbar bleibt, weil die Wahrheit dem subjektiven wie kommunitären Zugriff entzogen bleibt (Badiou 2002, 197-204). Sünde und Vergebung implizieren keine ‚freie Wahl' (liberum arbitrium), sondern das in menschliches Leben und Zusammenleben eingeschriebene Scheitern und dessen unmögliche Anerkennung wie Aufhebung. Aber: Ohne dieses Entzogensein und ohne den Widerfahrnischarakter von ‚Rechtfertigung' und von ‚Sünde' könnten wir Menschen nicht gleichzeitig mit dem Sündersein dennoch glauben, lieben, hoffen, versöhnt werden, vertrauen, lernen, Fremdes erfahren. Luther hatte dafür die Vorstellung, dass der Gläubige gerecht und sündig zugleich sei. Wir Menschen können nur ‚sündig' von Gott, Gnade, Rechtfertigung, Glauben reden (Gerber 2013, 113ff.). Diese Spannung lässt sich nur fundamentalistisch aufheben.

Glauben Sie schon an Jesus Christus? Haben Sie Ihre Schuld bereut und ihm bekannt? Haben Sie schon sein Geschenk der Vergebung und des ewigen Lebens angenommen? Er wartet darauf, dass Sie zu ihm kommen und ihm Ihr Leben anvertrauen und sich von ihm retten lassen! Zögern Sie bitte nicht länger, denn Gott hat Ihnen nur das Heute geschenkt, um zu ihm zu kommen (Kalender 2014. Stiftung Missionswerk, zu März 2014).

Das ‚Evangelium' wird hier angeboten wie eine Ware auf dem religiösen Markt, die man in ‚freier Wahl' annehmen oder ablehnen kann, als ob man Liebe und Vertrauen zur freien Wahl haben könnte. Wer spricht hier im Namen Gottes mit absoluter Sicherheit und weiß sicher Bescheid von heute bis in alle Ewigkeit – religiöse Arroganz, Überheblichkeit und

Überspielen von Unsicherheit, Zweifel, Angst, die man doch eigentlich dem Herrn Jesus eingestehen soll und kann? Warum kommt in dieser (abstrakten) individualistischen, ja letztlich egoistischen Focussierung auf den Zu-Missionierenden nicht dessen Lebenswelt vor? Hier wird die Verabsolutierung einer missionsrhetorisch stilisierten Erlösungsperspektive in der uneindeutigen Moderne vollzogen als Enthebung aus dieser Moderne in eine eigenständige ‚göttliche Welt', in die einzig gültige und rettende Über- und Sonderwelt der ‚Frommen'.

Genau parallel setzt der säkulare Fundamentalismus in seiner ebensolchen Ablehnung der uneindeutigen Moderne auf den Markt ohne Alternative, auf Fortschritt der Mediatisierung ohne Alternative u.a.m. Beide Bewegungen versuchen, der uneindeutigen Moderne durch Fundamentalisieren und Vereindeutigen zu entkommen (Bauman 2005, 38ff.). Der moderne Selbst-Manager versucht sein nahezu autistisches Verlangen nach dem maximalen Ich-Selbst durch alternativlosen Ökonomismus, mittels zwingend notwendiger, weil heilsamer Technologie und Enhancements aller Art zu stillen und sich dabei in ungehemmter Freiheit und ohne Abhängigkeiten solipsistisch zur Sinn-Quelle seiner selbst zu machen und so den Ambivalenzen der Moderne zu entkommen (Bauman 2005, 364ff.; Gronemeyer 1992, 98f.). Strukturell in gleicher Weise internalisiert der ‚Erweckte' das errettend-gebietende Eingreifen Gottes so weit, bis er selbst zur gottgewollten Sinn-Quelle wird und die moderne ‚Welt' ihm nichts mehr anhaben kann. Das Verführerische dieser ‚Aufhebung' in Gottes Heilsplan liegt in der ‚Realtranssubstantiation' der Erretteten in den Heilsstand, analog zur eucharistischen Wandlung von Brot in den Leib (und des Weines in das Blut) Christi im römisch-katholischen Abendmahl. Wie im Katholizismus das Sakrament die reale Präsenz Gottes fundamental(istisch) bewirkt und wie im Protestantismus sich Gott allein aus Gnade durch das Wort des Evangeliums mit dem sündigen Menschen im hörenden Antworten versöhnt, so wird der ‚Fromme' durch Gottes Eingreifen und seine persönliche Bekehrung (in seinem Personfundament) in den Heilsstand versetzt. So erreicht der ‚Fromme' sein maximales glaubend-gerettetes Selbst, was letztlich bei allem Verbleiben im ‚irdischen Körper' zugleich das geistliche Ende seines individuellen, von Scheitern und Sterblichkeit durchsetzten irdischen Menschenlebens bedeutet – ganz wie manche Moderne das Ende der Geschichte prognostiziert haben. Im Streit gegen die Moderne erfüllt der ‚Fromme' die Steigerungs- und Übersteigungsmechanismen und Entkommens- und Fluchtversuche dieser Moderne.

3. Vergemeinschaftungsstile

Man findet in fundamentalisierenden Bewegungen und Gruppierungen, sofern diese sich nicht eskapistisch-hermetisch abschließen (Stolz, Merten 1991, 18f.), meistens eine deutliche Betonung der *Evangelisation* und *Mission,* die beide den sozialen, diakonischen Aktivitäten in der Regel vorgeordnet werden. Dies liegt im Selbstverständnis dieser oft weltweit mit modernsten Medien und Hilfsmitteln operierenden Gemeinschaften: dass sie als „Sauerteig der Welt" berufen sind, die „verlorenen Schafe" und die ganze sündige Welt zu retten. Entsprechend reichen die Vergemeinschaftungsformen vom *sektenhaften Zirkel* als Art Retraite über Gemeinschaftsformen mit möglichst wenig Berührung mit der ‚Welt' bis hin zu selten anzutreffenden nahezu gefängnishaften Lebensgemeinschaften mit einer rigorosen ‚Ideologie' und entsprechend strengen Binnenregeln und Überwachungen. Den Hauptstrom machen solche *Gemeinschaften* aus, die offen sind für den Dialog und die Kooperation mit den Landeskirchen und ökumenisch relativ aufgeschlossen sind (Oeldemann 2014). Erwähltsein, Errettetsein, Abgrenzung von der sündigen Welt machen die Absonderung in mehr oder weniger offene Gemeinschaften und Milieus verständlich, können aber auch Fanatismus, Rechthaberei, Intoleranz, Blindheit für andere (Glaubens-) Meinungen und Unfähigkeit zur Kritik am eigenen Standpunkt schüren. Zu beachten ist jeweils, inwiefern diese Gemeinschaften zwanghaft von autoritären ‚Patriarchen' nach dem Prinzip von Führer und Gehorsam und der alternativlosen Verpflichtung auf unumstößliche Glaubenswahrheiten geleitet werden, ob sexistische und rassistische Tendenzen vorhanden sind, inwieweit menschenverachtende Hierarchisierungen durchgezogen und regelrechte Glaubens- und Lebensführungskontrollen mit Bestrafungen durchgeführt werden. Umgekehrt haben sich vor allem seit der Vollversammlung des Ökumenischen Rates der Kirchen 1983 in Vancouver z.B. Evangelikale vermehrt neuen Gesprächen und Koalitionen zugewandt, so dass manche Fronten aufgeweicht und fundamentalisierende Tendenzen gemäßigt oder sogar aufgegeben wurden (Robra 2008, 13). Auch die ‚charismatische Bewegung' muss nicht fundamentalistisch sein

(Stolz, Merten 1991, 20; Hutten 1982, 359ff.). Diese ist im Umfeld der Pfingstbewegung 1961 in Kalifornien ins Leben gerufen worden, und sie hat sich schnell weltweit ausgebreitet und wurde in Deutschland 1962 heimisch durch Pfarrer Arnold Bittlinger. Die Vorbereitungsschrift für die 5. Vollversammlung des Ökumenischen Rates in Nairobi 1975 befasste sich thematisch mit der charismatischen Erneuerung: „Die Kirche ist ein Beisammensein, bei dem gemeinsam die Unmittelbarkeit des Geistes erfahren wird, eine befreiende und verwandelnde Erfahrung,, die ein neues Reich des Daseins eröffnet, ‚das Leben im Geist', gekennzeichnet durch Freude, Freiheit und Liebe. in ihr findet man die Erwartung von Wundern (Sprachenreden, Heilungen, Prophetie) und die die Gemeinschaft betreffenden Merkmale der Solidarität (gegenseitige Hilfe, Sorge für die Bedürftigen)" (Hutten 1982, 361).

Die Frage nach der Integration fundamentalistischer Meinungen bzw. Gruppen, wie z.B. die Forderung einer biblizistisch oder mit der Sharia zu legitimierenden Politik, in unsere Zivilgesellschaft, wurde von evangelikalen Kreisen eher praktiziert als (offen) diskutiert. Man versucht mit erlaubten und bisweilen auch mit unerlaubten, nämlich diffamierenden Mitteln, die eigene Minderheitenposition gegen die Mehrheitsgesellschaft durchzusetzen. Aber man beteiligt sich leider nahezu gar nicht an heute notwendigen religionspolitischen Diskussionen etwa um ein neues Religions- und Weltanschauungsverfassungsrecht. An solchen Stellen können ‚fromme', christliche wie islamische, und ebenso ‚säkulare' Gruppen zur Gefahr für die rechtsstaatliche Demokratie und offene Gesellschaft werden.

Deswegen ist unbedingt die Frage zu stellen, wie mit Bekenntnisaussagen anderer Menschen in unserer demokratischen Gesellschaft umzugehen sei (Gerber 2013, 124ff.)? Sollen wir miteinander *tolerant* umgehen? Dann wäre es immer noch ein Verhältnis des bloßen Duldens von Seiten der ‚Richtigen', so wie z.B. die römisch-katholische Kirche die protestantischen Kirchen nur als Glaubensgemeinschaften und nicht als gleichwertige Kirche(n) versteht und behandelt oder wie fundamentalisierende Evangelikale die christlichen Kirchen ‚wohl oder übel' als gesetzlich geschützte Institutionen akzeptieren (müssen). Man muss an Goethes Sentenz erinnern: „Dulden heißt Beleidigen". Entsprechend ist die Intention einer sogenannten Duldungstoleranz in Deutschland grundgesetzlich ausgeschlossen, weil dadurch die Würde dieser Geduldeten missachtet und gegen das

Grundrecht der Religionsfreiheit verstoßen wird. Deswegen wird statt von Tolerieren heute von *Achten des Anderen* gesprochen: Dann wird der Andere in einer symmetrischen Beziehung als gleichwertige Person mit gleicher Würde im Rahmen unseres Grundgesetzes geachtet, und es wird versucht, ihm zur Verwirklichung seines Lebenskonzeptes im Rahmen unserer Rechtsordnung zu verhelfen, ohne ihm (fundamentalistisch) eine Zustimmung zu anderen Lebens- und Glaubenskonzepten abzuverlangen. Unter *Anerkennung* hingegen wird hier der Vorgang verstanden, dass beide Begegnenden in einem asymmetrischen Verhältnis ihr ‚gutes' Leben führen können ohne gegenseitige Bedingungen und Verpflichtungen (Dungs 2006, 17ff.). Deswegen gibt es kein erstes und kein letztes Wort, auch nicht des Fundamentalisten, denn jedes unserer Worte ist schon immer Antwort. Und in der asymmetrischen Beziehung zwischen dem anspruchsvollen Widerfahrnis-Gott und dem antwortenden Sünder-Menschen gibt es keinen gemeinsamen Punkt, auch keine Heilstatsachen, in dem Gott und Mensch konvergieren könnten – denn dann wäre der Mensch gleichsam vergottet. Zwischen Gottes durch andere Menschen an Menschen ergehendes Fragen, Rufen, Versöhnen und dem Antworten des Angegangenen gibt es kein gemeinsames ‚Glaubenspaket', kein Drittes in Form von Heilstatsachen, auch keinen Konsens. Das Geschenk des Glaubens auf der einen Seite und Bekenntnisse und Theologie auf der anderen Seite, Gottes versöhnende Zuwendung zu Menschen einerseits und die antwortenden Deutungen und Handlungen darauf andererseits sind nie identisch. „Wir erfinden, was wir antworten, nicht aber das, worauf wir antworten und was unserem Reden und Tun Gewicht verleiht" (Waldenfels 2006, 67).

Für die Religionsfreiheit in gegenseitiger Achtung und nicht im Sinne der 1648 erzwungenen Duldung oder Toleranz der drei christlichen Konfessionskirchen sind gerade die Opfer der Intoleranz eingetreten wie z.B. Quäker, Methodisten, Baptisten. Durch ihr Eintreten für religiöse Anerkennung haben sie einen grundlegenden Beitrag für die Einsetzung der Religionsfreiheit als eines Menschenrechtes geleistet. In diesem Punkt liefen Aufklärung und religiös-erweckter Aufbruch insofern parallel, als beide mit dem Symbol des Lichtes öffentlich für Religionsfreiheit eintraten: die einen im Namen des Glaubenslichtes und die anderen mit dem Licht der Vernunft. Das schloss aber nicht aus, dass auf beiden Seiten ‚nach innen' Fundamentalismen entwickelt wurden, im einen Fall als Pochen auf die persönliche Glaubenswahrheit und im anderen Fall als eine Art Vernunft-Absolutismus.

4. Moral-Vorstellungen

Moralisches Handeln wird von absolut geltenden biblischen Verboten und Geboten her eingefordert und begründet. Handeln in Nächstenliebe wird nicht vom anderen Menschen her, vom unvorhersehbaren Nächsten und dessen Not her begründet, so wie es z.B. Jesus tat in seinem Eintreten für Notleidende. Jesus ging es nicht um die Erfüllung von Geboten im Sinne einer Gesetzes- und Belohnungsreligion der ‚guten Werke', sondern um das Sich-Kümmern um den Anderen. Handeln wird auch nicht von der jeweiligen Situation her bestimmt und auch nicht von dem sich autonom entscheidenden Menschen her im Sinne der Pflicht-Ethik des kategorischen Imperatives bei Kant. Erinnert sei an Luthers Begründung der Nächstenliebe in der Begegnung des versöhnenden Gottes mit dem sündigen Menschen und der Menschen untereinander, dass nämlich der Glaubende in seiner von Gott geschenkten Freiheit und Verpflichtung und in seiner Wahrnehmung des Nächsten seine eigenen Dekaloge (Zehn Gebote) entwerfe und ausführe als Antworten auf Gottes Freiheitsgeschenk und des Anderen Notlage. Man spricht von einer responsorischen Ethik oder Moralvorstellung, wie sie z.B. der jüdische Religionsphilosoph Levinas entfaltet hat (Dungs 2006, 143ff.).

Für den ‚Frommen' liegt der Akzent auf Gottes Ordnungen mit entsprechenden Geboten und Verboten (als ob diese in Reinform und Unfehlbarkeit in der Bibel, im Gewissen oder in der Schöpfung greifbar und erfüllbar wären) und dann auf der Freiheit der Menschen, sich Gott zuzuwenden und seine Gebote in ‚blindem' Gehorsam zu erfüllen. Moralisches Handeln wird durch das biblisch vorgelegte Gesetz bestimmt, das bisweilen naturrechtlich durch Schöpfungsordnungen gestützt wird, z.B. bei der Rolle der Frau als Hausfrau und Gebärerin oder bei der pathologisierenden Ablehnung der ‚widernatürlichen' Homosexualität, die einfach als therapierbar bekämpft wird, obwohl alle seriösen wissenschaftlichen Forschungen das Gegenteil zeigen. Es geht hier wie jeglichem Fundamentalismus um das Umsetzen eines als biblisch-göttlich geltenden Gebotes, einer Norm, einer Ideologie und entsprechend letztlich um Selbstgerechtigkeit und Belohnung (wogegen sich z.B. Luther als ‚Werkgerechtigkeit' gewandt hatte).

Unter Bezug auf die Erklärung der römisch-katholischen Glaubenskongregation gegen die rechtliche Anerkennung homosexueller Lebensgemeinschaften vom 3. Juni 2003 heißt es, dass mit der rechtlichen Anerkennung „das Verständnis der Menschen für einige sittliche Grundwerte verdunkelt und die eheliche Institution entwertet würde. ... Die Kirche kann nicht anders, als diese Werte zu verteidigen, für das Wohl der Menschen und der ganzen Gesellschaft" (s. Internet: Freie Theologische Hochschule Gießen: Ethik).

Es herrscht ein hohes moralisches Pathos bei der Durchsetzung von unverrückbar geltenden Schöpfungsordnungen, von biblisch vorgegebenen Lebens- und Handlungsmustern, z.b. die Hochschätzung der traditionellbürgerlich-neuzeitlichen Ehe und Familie. Widersprüche wie z.b. zwischen der monogamen bürgerlichen Eheform und der patriarchalistischen, plurigamen ‚Ehe' einst in Israel werden übergangen. Relativ rigoros werden Sexualität vor und außerhalb der Ehe, die Verwendung empfängnisverhütender Mittel, Abtreibung, Praktiken wie Selbstbefriedigung, die Homo-Ehe abgelehnt. Diese Ablehnungen werden politisch lanciert in Form einer fundamental-traditionellen Geschlechteranthropologie. (Unbekannt ist das Verhältnis von Norm und Verhalten, bis hin zu Missbrauchsfällen, z.B. in der Evangelischen Brüdergemeinde Korntal lt. Badischer Zeitung vom 4. Juli 2014, 3.) Der Stil der Kindererziehung ist wesentlich strenger, einschließlich Züchtigungen (wie der Kriminologe Christian Pfeiffer nach Analysen in freikirchlichen Familien auf dem Deutschen Präventionstag 2013 in Bielefeld berichtet hat). Sexualität der Kinder ist tabu, was sich in den Diskussionen um sexuelle Aufklärung in der Schule in Baden-Württemberg gezeigt hat, und ebenso tabu ist Sexualität im Alter. Aids fällt unter Folgen von Ausschweifung und verdient entsprechendes körperliches Leiden als Strafe. Transvestismus gilt als anormal und pervers. Der Umgang mit Nacktheit ist ebenso stark schambesetzt wie Aufklärungsgespräche, wenn sie stattfinden. Entsprechend ist auf ‚sittliche' Kleidung und ‚sittliches' Benehmen zu achten, vor allem bei Mädchen und Frauen. Die Verheiratung erfolgt oft mit Partnern und Partnerinnen derselben Gemeinschaft. Im Blick auf Moral insgesamt sind fundamentalisierende Gruppen elitär, patriarchal ausgerichtet und organisiert. Sie bestehen auf rigoros angewandten Zugangs- und Zugehörigkeitskriterien sowohl lehrmäßiger als auch moralischer Art und sind durch eine hochgradige soziale Kontrolle bestimmt. Die Distanz zu Nicht-Gläubigen muss gesichert und gleichzeitig der Einzelne vor dem Ausbrechen geschützt werden, was sich in teilweise rigiden und repressiven Sozialisations- und Erziehungsformen, z.B. in der Familie, niederschlägt (Stolz, Merten 1991, 24-26).

„Schon die Kleidung sieht wie eine Rüstung aus, wie eine Barriere nach allen Fronten. Um sich vor dem Leben in Sicherheit zu bringen, dem sündenteuflischen. Missmut steigt in mir hoch. Wie immer, wenn ich sehe, wie Religion das Leben in Verruf bringt. Ich würde gern einen Glauben entdecken, der sich nicht nach der Wiederkunft des Messias (oder eines anderen göttlichen Rächers) sehnt, nicht nach dem Tod, nicht nach dem – gewiss sterbensfaden – Himmel. Eine Religion bitte, die das Diesseits verherrlicht und die Liebe zur Welt! Fahrt über ein schönes Land" (Altmann 2014 (a)).

Gemäß einem Bericht der Badischen Zeitung vom 13. Juni 2014, 3, verfahren sogenannte Sekten wie etwa die extreme Gemeinschaft der „Zwölf Stämme" äußerst rigoros in Lebens-, Glaubens- und Handlungsstil. Die Frauen werden den Männern radikal untergeordnet; Männer müssen einen Bart tragen; die Frauen haben weite Hosen, Röcke oder Kleider zu tragen; für das Arbeiten wird kein Lohn bezahlt, während die Chefs Geld, Autos, Handys zur Verfügung haben; Kinder werden im Sinne der Sekte oft mit Gewalt erzogen und sie sollen nicht in öffentliche Schulen gehen; bei Verstößen werden sie körperlich gezüchtigt. Deswegen hat man dieser Sekte etliche Kinder weggenommen. Insgesamt herrscht ein Klima von Gewalt, Ungerechtigkeit, Demütigung und religiöser Arroganz, so dass manche von einer fundamentalistischen „Religionsdiktatur" sprechen.

Ein für die Entstehung der ökonomischen Seite der Moderne wichtiger religionsdynamischer Hinweis: Vor allem in evangelikalen Gruppen, die aus dem freikirchlich geprägten Reformiertentum stammen und meistens in der Schweiz (und in den USA) beheimatet sind, ist die mit dem Erwählungsgedanken verbundene Anschauung lebendig, dass Geld (Besitz, Kapital, Eigentum) und sonstige ‚weltliche' Erfolge „Früchte" (Segnungen, Gnadengaben Gottes, Belohnungen) eines bibeltreuen Glaubens seien. Hier sei auf Max Webers allerdings auch umstrittene Schrift „Die protestantische Ethik und der Geist des Kapitalismus" verwiesen.

Ein kritischer Hinweis ist hier notwendig: Ein grundsätzliches Problem der ‚gesetzlichen' Handlungsbegründung liegt im Ausblenden sowohl des Handelnden zugunsten einer Gesetzes-Norm als auch des Nächsten, der letztlich unter dem Aspekt der eigenen Bewährung gesehen und damit instrumentalisiert wird. Christliches Glauben wird moralisiert zusammen mit seiner Dogmatisierung als Für-wahr-Halten von Heilstatsachen und zur Erfüllung von vorgegebenen Normen degradiert, während z.B. Luther meinte, dass der Glaubende in der Freiheit seines Glaubens sein Handeln am Nächsten orientiere. Moralisches Handeln geschieht im Sinne Luthers als persönliches Antworten auf Gott in der Nächstenliebe zum Anderen in dessen Notlage.

Der ‚Welt' steht man relativ distanziert gegenüber und überlässt sie eher ihrem gottvergessenen Lauf, bis Jesus Christus bei seiner Wiederkunft entsprechend Gericht halten und die Erde erneuern wird. Entsprechend fußt moralisches Handeln auf dem dualistischen Schwarz-Weiß- bzw. Böse-Gut-Schema mit dem Ziel der Bewährung und Belohnung.

Auch hier lässt sich zeigen, inwiefern dieser Fundamentalismus formal ein ‚Kind' der pluralistischen Moderne ist. So ist sein Rechtfertigungsmodus nicht (mehr) traditional und formal, sondern emotional und entscheidungshaft individuell. Und wenn dann das religiöse Verhalten weiteren Stresssituationen ausgesetzt wird, dann verliert es seine notwendigen Korrektive, nämlich gemäß Hermann Häring: „die Welterkenntnis ihre Selbstkritik, die eigene Freiheitserfahrung den empathischen Blick auf die anderen, die überschießende Ekstase das Korrektiv der Verantwortung, der Widerstand gegen das Böse den absoluten Respekt vor dem Leben und der Würde der Mitmenschen. Angesichts besonderer Verunsicherung und Belastung setzen sich das Autonomiebedürfnis, die Ungeduld und die infantile Neigung zu Zwang und autoritären Reaktionen durch. Dann halten die hohe Moral, die leidenschaftliche Nächsten- und die geduldige Wahrheitsliebe, von der her sich eine Religion unter idealen Bedingungen versteht, den Gegenbelastungen nicht mehr stand" (Häring 2103, 116). Dann lädt sich die Frömmigkeit des Einzelnen im Ausblenden des sozial-mitmenschlichen Kontextes zu einer radikalen Ich-Erfahrung auf, die sich nach außen nur noch durch mehr oder weniger gewaltsame Selbstbehauptung erhalten kann.

5. Weitere Aspekte

Zu den selbstverständlichen Grundwahrheiten gehören im Blick auf den *Gottessohn* Jesus Christus zusammen mit seinem stellvertretenden Sühnetod auch dessen jungfräuliche Geburt, seine leibhaftige Auferstehung und Himmelfahrt und seine Wiederkunft am Ende der Zeiten. Hinzu kommen das Bekenntnis zum dreifaltigen (trinitarischen) *Gott* als Schöpfer-Vater, Versöhner-Sohn und Erlöser-Geist und das Wissen um den historisch geschehenen *Sündenfall* von Adam und Eva im Paradies (1. Mose 3), der sich in der eigenen Sündhaftigkeit gleichsam wiederholt (Joest 1983, 734-736).

Besonders betont werden sowohl die Sündhaftigkeit des Einzelnen in der Nachfolge Adams und Evas als auch die *Krisenhaftigkeit der Welt*, der mit der Hochstilisierung der Vergangenheit zur Verfalls- und Unheilsgeschichte und vor allem mit der Erwartung des nahe bevorstehenden Weltendes begegnet wird. Man lebt in eschatologischer Naherwartung wie zur Zeit Jesu. Dann wird der Heiland leibhaftig (wieder-) erscheinen zum Gericht als Heil für die ‚Rechtläubigen' und als Verdammnis der ‚Sünder'.

Bei ‚progressiven' Fundamentalisten, z.B. ökologischer oder feministischer Zielrichtung, fehlen nahezu alle ‚regressiven' Merkmale. Sind bei den ‚Regressiven' die ‚Werte' einschließlich der Sittlichkeit, einer gewissen Welt-Distanz, neuerdings der Mahnung der Bewahrung der Schöpfung, vor allem am christlichen Bürgertum des 19. Jahrhunderts orientiert, so greifen die ‚Progressiven' in religiöse wie säkulare Extreme aus, z.B. als Öko-Diktatur oder als Rekurs auf ein ursprüngliches, heute wieder herzustellendes Mutterrecht (Stolz, Merten 1991, 25).

In manchen ‚frommen' Kreisen sind *magische, spiritistische, esoterische, auch abstruse* Anschauungen und Gepflogenheiten vorhanden, zum Beispiel: das Besprechen im Sinne von Gesund- und Heilbeten, Handauflegen und Exorzismen, das Losen als durch den Geist geleitetes Herausgreifen von Bibelstellen (als Losung am Morgen, als Losungsspruch für Konfirmanden), nächtliche Geräusche und damit verbunden Auditionen, Visionen, Gesichter als Ansagen besonderer Ereignisse wie den Tod eines Familienangehörigen, Geist-Eingebungen für die Auslegung der Bibel oder zur Deutung besonderer Ereignisse wie dem Verlorengehen eines ‚heiligen' Gegenstandes, das Öffnen des Seelenfensters anlässlich eines Sterbefalles im Haus. Es finden sich Erinnerungsmöglichkeiten, aber auch Tabus im Blick auf bestimmte Daten, Termine, Tage Uhrzeiten (Sterbestunde Jesu, der 13., Mitternacht) und Naturereignisse (Gewitter).

Für die Deutung solcher Ereignisse werden verschiedenartige Erklärungsmuster angeführt: ein Nachlassen oder Laschheit des Glaubens, Bestrafungen durch Gott in Form von Krankheit, Naturkatastrophe und Krieg (oft durchsetzt mit apokalyptischen Bildern unter Rückgriff auf die Offenbarung des

Johannes), der allgemeine Sittenverfall in der enthemmten Spaßgesellschaft bis hin zum Kampf Gottes und der Seinen gegen den Teufel als den Anti-Christen.

Manche ‚fromme Kreise' ziehen sich entweder *eskapistisch* aus der Gesellschaft zurück oder sie geben sich umgekehrt *sendungsbewusst*, wie z.B. evangelikale Kreise, vor allem in den USA, und treten als Funk- und Fernsehkirchen, im Internet und mit Druckmedien aller Art, mit bewährten Predigern und Showmastern öffentlich auf.

Bekannt sind Gründungen von Freien *Schulen* im Sinne evangelikaler Beschulung und Bildung (weil man meint, auf diese Weise Andersgläubigen, besonders muslimischen Mitschülern, Drogenkonsum und sonstigen Versuchungen und Gefährdungen aus dem Weg gehen zu können und weil Eltern den strengen Stil dieser Schulen mit ‚Zucht und Ordnung' schätzen). Auf *Hochschulebene* gibt es in Deutschland und in Europa verschiedene Studienangebote. So hat der Wissenschaftsrat die 2008 vom Land Hessen genehmigte Freie Theologische Hochschule Gießen bis April 2015 unter Auflagen akkreditiert. Andere Hochschulen für evangelikale Theologie werden rein privat betrieben.

6. Diffamieren als Methode

In Auseinandersetzungen mit anderen Meinungen geht es weniger um einen offenen Dialog als vielmehr um das Verteidigen der eigenen, von vornherein feststehenden Position und um missionarisches Bekehren, begleitet mit Werbung und religiöser Publizistik (Stolz, Merten 1991, 45). Nicht selten sind Antworten diffamierend denjenigen gegenüber, die nicht die Meinung der ‚Missionare' teilen. Im Rückblick auf die Bibel, besonders das Testament der Christen, kommen immer wieder diffamierende Vergleiche mit antisemitischer Stoßrichtung vor:

> "*Sie (sc. die Schriftgelehrten und geistlichen Führer am Königshofe) waren geistlich blind. Denn der Heilige Geist ist eben nicht auf einem geisteswissenschaftlichen Lehrstuhl der Theologie verortet. Durchgehend bemerkenswert ist dabei auch, dass zu Lebzeiten Jesu die Pharisäer und Schriftgelehrten zu seinen hartnäckigsten Widersachern oder Sorgenkindern zählten. Dies hat sich offenbar bis heute nicht geändert. Geändert haben sich lediglich die Amtsbezeichnungen oder Titel. Es sind dies heutzutage Bischöfe oder Professoren für Ev. Theologie!*" (aus einem Leserbrief vom 14.1.2014 in der Badischen Zeitung).

Missachtung und sogar Diffamierungen von Personen mit anderen Meinungen zeigen sich insofern im Verständnis von Glauben, als zwischen

Glauben als existentiellem Akt und Glauben als Glaubensvorstellungen nicht unterschieden wird, weil beide absolut gelten und absolut wahr sind und deswegen alle anderen Glaubensweisen ausgeschlossen und bisweilen der Lächerlichkeit preisgegeben werden. Ebenso gelten die Vielfalt und Pluralität sowohl der Glaubensvollzüge als auch der Glaubensinhalte als Werke des Teufels als des Antichristen. Dann kann man den Ungläubigen nur mit ‚dem Glauben' konfrontieren nach dem von Dietrich Bonhoeffer an Karl Barths ‚Offenbarungspositivismus' kritisierten Prinzip: „Friß, Vogel, oder stirb". Diese Praxis ist diffamierend und entwürdigend und achtet Menschen nicht in ihrer ‚Mündigkeit'. Man muss und kann nicht alles glauben, was die Kirche, der ‚fromme Kreis', der Inspirierte sagen und als Art Glaubenspaket zu glauben abverlangen, um ‚in den Himmel' zu kommen. „Es gibt Stufen der Erkenntnis und Stufen der Bedeutsamkeit … Der Offenbarungspositivismus macht es sich zu leicht, indem er letztlich ein Gesetz des Glaubens aufrichtet und indem er das, was eine Gabe für uns ist – durch die Fleischwerdung Christi ! – zerreißt" (Bonhoeffer 1959, 184f.). Und es gibt außer Stufen falsche, weil theologisch oder im Blick auf den Kreationismus naturwissenschaftlich nicht haltbare Aussagen. Die ‚innere' Glaubenssicherheit kann über solche ‚äußeren' Geltungsansprüche hinweggehen.

7. Wunder-Glaube als Testfall

„Das Wunder ist des Glaubens liebstes Kind", ist seit Goethes Faust ein geflügeltes Wort. Aber wohlgemerkt, bei Goethe ist das Wunder kein überväterliches und abrufbares Beweismittel, sondern Kind. Als Kinder des Glaubens können sie bestenfalls post festum als Beispiele erzählt werden. Wundererzählungen beschreiben keine objektiven Sachverhalte, sondern Erlebnisse, Ereignisse, Begegnungen, ‚in, mit und unter' denen sich wahrnehmbare Widerfahrnisse ereignen, die sich ‚objektiver' Feststellbarkeit entziehen, ohne deswegen rein subjektive Vorstellungen oder gar Einbildungen zu sein. Wunder sind nicht objektivierbar, sondern von dem (und den) Betroffenen als Widerfahrnis bezeugte Erfahrungen. Sie haben Begegnungscharakter, Beziehungsstruktur und deswegen Bekenntnischarakter und können nur weitererzählt werden.

So wird in den Evangelien einerseits erzählt, dass Jesus Wunder als Ausdruck des Unglaubens abgetan habe (Mt 12, 39; 16, 4). Auch der Apostel Paulus hat die Forderung nach legitimierenden Wundern und „Zeichen" abgewiesen (1. Kor 1, 22) und das Zungenreden, die Glossolalie, als Zeichen der Ungläubigen verworfen. Andererseits gelten vor allem bei Joh und in der Apostelgeschichte Wunder als Beglaubigungen Jesu als des Messias und Gottessohnes (Joh 4, 48; Apg 2, 22) und als Gaben christlicher Charismatiker in der Nachfolge Jesu (1. Kor 12, 10; Apg 2,43). Also: Die Bedeutung von Wundern wird in der Christenheit von Anfang an unterschiedlich gesehen und beurteilt. Die einen nehmen Wunder als direktes, für alle sichtbares Eingreifen Gottes in unsere nach seinen Schöpfungsordnungen ablaufenden Welt und entsprechend als Beweis- und Dokumentationsmittel für die Allmacht Gottes. Andere halten Wunder für persönliche Widerfahrnisse, die man nur im Glauben wahrnehmen und entsprechend bekennend erzählen, nicht aber ‚objektiv' demonstrieren kann, weil es im Glauben nicht um Beweisen gehen kann. Vor allem Heilungswunder und Erscheinungen Toter stehen im Vordergrund. Solche Wunder, wird von ‚Frommen' kommentiert, öffnen ein Fenster für die Wirklichkeit Gottes, für das direkte Eingreifen und Einwirken Gottes.

Mit den oben genannten Modernisierungsschüben und der Vorstellung eines kausal-geschlossenen Weltbildes wurde der Wunder-Glaube einerseits abgeschafft, andererseits entstanden aus dem Bedürfnis nach neuen verbindlichen Orientierungen neue Formen von Wunderglauben: „Fundamentalistische Strömungen und die Sehnsucht nach einer neuen Ganzheitlichkeit in einem zerklüfteten sozialen Umfeld begünstigen einen *neuen Wunderglauben*" (Grözinger 1996, 1339).

Hier sind Fragen zu stellen: Bleiben Wunder nicht immer vieldeutig und lassen sich nicht ‚vereindeutigen' und deswegen nicht als Beweismittel etwa für Gott und Glauben einsetzen? Wunder sind ‚an sich', in ihrem Ereignischarakter keine ‚objektiv' feststellbaren Prozesse."Man muss sie erleben… Das Wunder ist nicht objektivierbar" (Ohly 2013, 99). Wohl aber sind Wunder in ihrem ‚Effekt' erfahrbar, z.B. bei sogenannten Spontanheilungen, über deren Woher, Warum und Wozu dann trefflich gestritten werden kann, weil es darauf keine ‚eindeutige' Antwort geben kann. Wunder-Erzählungen sind insofern Mythen, als sie Entzogenes verständlich machen möchten. Damit ist die Vorstellung eines direkten Eingreifens des jenseitig-theistischen Gottes in den Weltenlauf heute nicht mehr sinnvoll. Wenn man von wem auch immer ausgemachte Wunder als Beweismittel einsetzt, dann ist der Weg in Fundamentalismus– auch im römisch-katholischen Wunder-Beweis-Verfahren für Selig- und Heiligsprechungen – beschritten.

Kritisch zu prüfen sind entsprechend Praktiken und Theorien der *Heilungsbewegung,* die nach dem Zweiten Weltkrieg im Umfeld der Pfingstbewegung in den USA entstanden ist, von den dortigen renommierten Heilern wie Oral Roberts, Tommy Hicks, William Branham in ‚Evangelisationskampagnen' und ‚Heilungsfeldzügen' auf ihren Weltreisen auch nach Europa gebracht wurde und auch in Deutschland Nachfolger wie Hermann Zaiss, Richard Schley, Lothar Hoffmann fand (Hutten 1982, 374-379). Die Devise lautet: „In dieser ‚Heilungsbewegung' ist der Zielpunkt der Verkündigung des ‚vollen Evangeliums' nicht mehr, die Gläubigen zur Geistestaufe hinzuführen, sondern die Kranken zu heilen, damit die Versammelten Zeugen der wunderbaren Machtdemonstration Gottes werden und zum Glauben kommen" (Hutten 1982, 365). Das „volle Heil" der Gläubigen schließt auch körperliche Gesundheit ein. Krankheiten können nicht von Gott kommen, sondern sind etwas Widergöttliches und als Folgen der Sünden von Menschen Verschuldetes. Sie sind „dämonische Mächte" und kommen vom Teufel und bösen Geistern, die zerstörerisch in unsere Körperzellen eindringen. Deswegen muss Krankheit durch den festen Glauben ausgetrieben werden, Medizin kann letztlich nur begleitend hilfreich sein. Wer den Kernsatz glaubt, dass Jesus Christus am Kreuz unsere Schmerzen und Krankheiten trug und überwand, den kann keine Krankheit überwinden. Krankheit ist Bewährungsprobe des Glaubens, Heilung ist die Erlangung des „vollen Heils": „Der Glaube an die Heilung bekommt geradezu den gleichen Rang und den gleichen Entscheidungscharakter wie das sola fide (sc. allein durch Glauben) der Rechtfertigung" (Hutten 1982, 372). Problematisch ist nicht, dass Glauben und Körperlichkeit, Glauben und Gesundheit bzw. Krankheit, Glauben und Heilung hier miteinander verbunden sind. Der Theologe Paul Tillich hat öfter auf die Unterbelichtung des Kirchenchristentums im Blick auf Krankheit und Geheiltwerden aufmerksam gemacht (Tillich 1966, 317-323). Problematisch wird dies wie beim Wunder-Glauben dann, wenn empirisch feststellbare Heilung zum Kriterium für festen Glauben wird. Zu solchen

Heilungsgottesdiensten, die in den USA meistens Massenversammlungen sind, gehören eine rituell ablaufende Dramatisierung, ekstatisches Bekennen und trancehaftes Singen und Tanzen, Handauflegen und sonstige suggestive Mittel, die allesamt zu Täuschungsmanövern und Scharlatanerie werden können. Der Heiler stilisiert sich zum auserwählten Vermittler Gottes und lässt sich ‚Gebettüchlein' zusenden, um diese durch seine Gebete mit Heilungskraft zu füllen (Apostelgeschichte 19, 11f.). Wer dann keine Heilung erfährt, trägt selbst Schuld mit seinem Kleinglauben.

Wunder können aber auch schief gehen, wenn sie provoziert werden: So ist der Pfarrer-Star der US-amerikanischen Fernsehshow „Snake Salvation" (Schlangenrettung), Jamie Coots, während eines Gottesdienstes von einer Schlange gebissen worden. Coots lehnte – aus Glaubensgründen – eine medizinische Behandlung ab und starb. In den USA gibt es etwa hundert pfingstlich geprägte Gemeinden mit Schlangenkult, die in ihren Gottesdiensten Giftschlangen hochhalten und weitergeben – gemäß Mk 16, 17f.: „An Zeichen aber werden folgende die Gläubiggewordenen begleiten: in meinem Namen werden sie Dämonen austreiben; in neuen Zungen werden sie reden; Schlangen werden sie aufheben, und wenn sie etwas Tödliches getrunken haben, wird es ihnen nicht schaden; Kranken werden sie die Hände auflegen, und sie werden genesen". Auf Facebook attestierten Anhänger Scoots, dass dieser jetzt im Himmel weile. Klassisch christlich sollte man kommentieren: Du sollst Gott, Deinen Herrn, nicht versuchen!

8. Frömmigkeit der Heils-Tatsachen

Wiederholt zeigte sich, dass es im christlichen Bereich neben einem vornehmlich römisch-katholischen vorneuzeitlichen Ämter-, Riten- und Sakramentenfundamentalismus vor allem im protestantischen Umfeld einen den Buchreligionen stets drohenden Schriftfundamentalismus gibt (Assmann 2014, 263f.). Dieser schließt ein, dass in der Heiligen Schrift der (christlichen) Bibel die fundamentalen Heilstatsachen überliefert sind, angefangen bei der Menschwerdung Gottes in seinem Sohn Jesus Christus bis zu dessen Wiederkunft. Eine Theologie der Heilstatsachen hat vornehmlich die Repristinationstheologie des 19. Jahrhunderts ausgebildet: Sie versuchte den beiden von Schleiermacher kritisierten Gefahren eines geschichtslosen und akirchlichen Konstruierens einerseits und einer Theologie der bloßen

Berichterstattung als Stilllegung von Dogmatik und Ethik in der Historischen Theologie zu entgehen. Die altprotestantische Begründung des Glaubens nach Form und Inhalt in der inspirierten Heiligen Schrift wurde durch die sich ausweitende Bibelkritik obsolet, so dass man sich nach anderen Legitimierungsquellen umsehen musste. Aus diesem Grund stellten manche ‚objektive Heilstatsachen' gegen die Inspirationsbegründung, gegen die subjektivistische Bewusstseinstheologie, gegen den spekulativen Umgang mit den überlieferten Dogmen durch die Hegelianer und gegen die liberale Focussierung auf das „undogmatische" Evangelium Jesu.

Die Heilstatsachen sind herkömmlich klar, nicht aber die Art und Weise der Berufung darauf als ‚Fundamente' des christlichen Glaubens. Man verwendete einfach das dreigliedrige Glaubensbekenntnis und setzte dabei das ‚objektive' Geschehensein dieser heilsgeschichtlichen Prozesse voraus. Andere, wie z.B. die Erlanger Schule und der sogenannte Pannenberg-Kreis, bauten eine umfangreiche Konzeption der göttlichen Heilsgeschichte auf und versuchten, die ‚Heilstatsachen' trotz ihres übernatürlich-übergeschichtlichen Charakters auf empirisch-historischem Wege zu sichern, bisweilen regelrecht zu beweisen, z.B. die Leerheit des Grabes des auferstandenen Christus. In explizit fundamentalisierenden Kreisen band man das Anliegen objektiver Heilstatsachen und deren persönlich-existentielle Aneignung zusammen in der Absicht, mit dieser übergeschichtlichen Konstruktion dem „garstigen Graben" der Geschichte, den Ambivalenzen des Überliefers und den Anfechtungen des Interpretierens zu entkommen.

Geschichte wird von den Heilstatsachen her für den gläubig wahrnehmenden einsehbar in ihrem Charakter als Heilsgeschichte. Erinnern und Hoffen werden dann reduziert auf die momentane Intensität des ‚an sich' ungeschichtlich-sicheren Glaubens. Heilstatsachen sind immer ‚objektiv' präsent wie eine in sich geschlossene ideale Überwelt, so dass Erinnern und Hoffen die innerlichen, der Geschichte enthobenen, von Gottes Geist ‚direkt' bewirkten Aneignungsweisen dieses Heilsschatzes über die Zeiten hinweg sind. Wahrnehmungstheoretisch könnte man von einer positivistischen Erkenntnis- und Glaubenstheorie sprechen, denn: „Offenbarung (wird) zu einem objektiv feststellbaren Geschehen der Vergangenheit verfälscht" (Graß 1959, 194), zu einer ‚absoluten Tatsache' stilisiert. Solche in der Zeit geschehen, aber zeitlos und absolut gültigen Tatsachen kann es nicht geben, weil Menschen ‚Tatsachen' nie ‚an sich', gleichsam in deren nacktem Geschehensein, sondern schon immer in Bezug auf allgemeine Annahmen und z.b. wissenschaftliche Interaktionen wahrnehmen. Eine Theologie der eindeutigen Heilstatsachen im strikten fundamentalisierenden Sinne ist ein sinnloses, heilloses Unterfangen.

9. Die Bibel als Wissenschaftsbuch

Als Wissenschaftler im März 2014 einen weiteren Meilenstein auf dem Weg zum Urknall fanden, reagierten auch ‚Fromme' auf entsprechende Medienberichte – zum Beispiel in einem Leserbrief (Badische Zeitung vom 19. April 2014):

> *Na also, ein weiterer Meilenstein: Thema Urknall! Nicht wegzudenken aus den Schulbüchern unserer Kinder und den Köpfen gewisser profilierungssüchtiger Wissenschaftler. ‚Nachweisbar' nur von jenen Herren selbst. Ganz anders der Glaube an einen liebenden und mitfühlenden Schöpfergott. Was die Entstehung des Kosmos anbelangt, zu dem auch unsere Erde zählt: Konkrete nachprüfbare Daten wie geschichtliche, geographische und prophetische Angaben bietet hier nur die Bibel.*

Hier wird in ungeschichtlicher Weise nicht beachtet, dass die beiden Schöpfungserzählungen am Beginn der Bibel: das Sieben-Tage-Modell aus dem Kulturraum des babylonischen Zwei-Strom-Landes (1. Mose 1,1-2,4a) und die Oasen-Vorstellung aus dem kanaanäischen Umfeld (1. Mose 2,4b-25), nicht das Verständnis und die Methoden der in der Neuzeit entstandenen Naturwissenschaften hatten. Mythos und Logos, Glaubenserzählung und Weltbeschreibung lagen in einer Weise ineinander, die wir heute nicht mehr nachvollziehen können. Insofern ist es unsinnig, diese beiden Schöpfungserzählungen als wissenschaftliche Berichte im heutigen Sinne lesen oder kritisieren zu wollen. Dasselbe gilt für die Vorstellung, dass Gott die Welt vor einigen tausend Jahren „original und konkret" erschaffen habe ohne die Notwendigkeit einer Evolution. Man kann die Bibel nicht zum einzig wahren Lieferanten von nachprüfbaren Daten ummünzen. Hier machen die frommen Fundamentalisten und die fundamentalistischen Säkularisten den gleichen Fehler einer wörtlichen, ungeschichtlichen Handhabung: zum einen zwecks biblizistischen Beweisens der göttlichen Wahrheit und zum anderen zwecks Verwerfung solcher Bibel-Texte als überholter Vorstellungen. Aber darum geht es bei Bibel-Texten und überhaupt bei allen

Texten, also auch bei naturwissenschaftlichen Texten, gar nicht, weil jeder Text – so wie wir Menschen als deren Autoren und Rezipienten — ein vieldeutiges, nie eindeutiges Gebilde sowohl der Autoren als auch der Interpreten ist. Zwischen dem Text, der in sich nie eindeutig, sondern für ständiges Lesen und Interpretieren offen ist, und dem Interpreten, der ebenso wenig die eine einzige Wahrheit dieses Textes eruieren kann, bleibt eine Differenz, eine dynamische und produktive Lücke, die zum unterstellenden Auslegen zwingt und zugleich dazu befreit, und in dieser Spannung jeglichen Fundamentalismus und jegliches Vereindeutigen ausschließt. Vor dieser Offenheit haben sowohl der fromme Fundamentalist als auch der naturwissenschaftliche Positivist gleichermaßen Angst und reagieren vereindeutigend, verabsolutierend und schließen Differenz, Vielfalt und Ungleichheit, die Kontingenz, Komplexität und grundsätzliche Offenheit von Texten und Menschen und entsprechend von Begegnungen und Deutungen aus um einer einheitlichen, überschaubaren Ordnung willen.

„Beim Fundamentalismus handelt es sich jedoch nicht einfach ... um eine Abwehr der Moderne. Es werden nämlich technische Fortschritte wie etwa moderne Kommunikationsmittel in Dienst genommen oder Ergebnisse historischer oder empirischer Wissenschaften rezipiert, solange sie die zeitlose Autorität der Biebl nicht in Frage stellen ... Es geht Fundamentalisten (und Kreationisten) um die unfehlbare und uneingeschränkte Herrschaft ihres ‚Fundaments' über wissenschaftliche Methoden und Ergebnisse ... In Anbetracht der ‚modernen' bzw. ‚postmodernen' Verunsicherungen soll die Rückkehr zu den Prinzipien göttlicher Ordnung, wie sie irrtumslos in der Bibel dokumentiert sind, Sicherheit stiften. In einer irrtumslosen Bibel finden sie religiöse Sicherheit gegen eine orientierungslose Moderne. Dieses Sicherheitsstreben führt jedoch dazu, dass die Bibel auch als naturwissenschaftliches Dokument missverstanden wird. Damit begehen Kreationisten wie Szientisten strukturell den gleichen Fehler: Sie gehen davon aus, dass sich naturwissenschaftliche Aussagen der Evolutionslehre auf den gleichen Bereich beziehen wie Gen 1" (Rothgangel 2008, 53,55).

10. Ein kurzer Blick über die Grenze Europa hinaus

Wurde bislang der ‚moderne' europäische protestantische Fundamentalismus und seine nicht-religiösen ‚Geschwister' im Kontext des neuzeitlichen Pluralismus behandelt, so soll ein kurzer Blick auf globale Entwicklungen vor allem im lateinamerikanischen Bereich geworfen werden (Graf 2014, 129ff., mit Literatur; Anderson 2004, zur Pfingstbewegung; Joas,

Wiegandt 2007, Überblick). Die zentrale These hierzu lautet, dass mit den Globalisierungsschüben des Christentums in den letzten 50 Jahren sich auch die jeweils dortige Christenheit verändert hat und weiterhin verändern wird. Der deutsche Theologe Manfred Ernst, der seit Jahren im Pazifik arbeitet, stellt fest, dass „alle christlichen Kirchen und kirchenähnliche Organisationen, die seit dem Zweiten Weltkrieg schnell gewachsen sind, enorme Ähnlichkeiten mit transnationalen Konzernen aufweisen" (Robra 2014, 12). Der evangelikal orientierte Protestantismus speziell in seiner pfingstlerischen Ausprägung ist die populärste Bewegung, die als Vehikel der kulturellen und sozialen Globalisierung dient. Dieser Trend wird durch die globalen Medien und den gezielten Einsatz von Fernsehen, Radio und digitalen Medien unterstützt und trägt dadurch zu tief greifenden Prozessen des sozialen, kulturellen, religiösen Wandels bei. Ernst zeigt, dass die „Daten, die in den Fallstudien zu den Kirchen im Pazifik präsentiert werden, die Hypothese stützen, dass die Konversion zu einem bestimmten Typ der Christenheit das Verhalten der Menschen zu Familie, Sexualität, Kindererziehung, Arbeit und der Haushaltswirtschaft transformieren. Es kann die These aufgestellt werden, dass der neue Typ christlicher Religion, wie er von pfingstlerischen, neu-pfingstlerischen, evangelikal-fundamentalistischen Gruppen vertreten wird, ein Verhalten und eine Moralität fördert, die den Interessen von Menschen dient, die Entwicklungschancen für sich selbst in der Entfaltung der herrschenden Form des globalen Kapitalismus sehen" (Robra 2014, 12).

Wie in Lateinamerika so ließen sich auch in Afrika und Asien pfingstlerische Frömmigkeitspraktiken und -vorstellungen leichter mit einheimischen (indigenen) religiösen Traditionen verschmelzen als die als rational empfundene, wortorientierte Verkündigung der klassischen protestantischen Kirchen (Graf 2014, 147). Im Vordergrund steht auch hier die persönliche, emotionale Bindung an den „Herrn Jesus", an den auferstandenen und vom Himmel herab durch den Heiligen Geist wirkenden Gottessohn. Dieser enge Bezug zum hilfreichen „Heiland" wird gelebt mit Beten, vor allem im freien intuitiven Beten, Singen, teilweise ekstatischen Tanzen, mit Zungenreden, Handauflegen zum Geistempfang und zu Heilungen (woraus mancherorts ähnlich der „Heilungsbewegung" eine ganze healing industry entstanden ist), mit Bibellesen und -auslegen, mit Predigen und Katechismuslernen und tradierender Unterweisung. Dieser pfingstlerische und neopfingstlerische, nämlich die zweite Welle pfingstlerischer, auch charismatisch genannter Erneuerung, teilweise evangelikale und fundamentalistische Protestantismus ist geprägt durch eine ganzheitliche, nämlich Körper, Gefühl und Geist einbeziehende Vorstellung des Glaubenslebens. Zugleich wird oftmals ein radikaler Zulassungs-, Verpflichtungs- und Unbedingtheitsanspruch erhoben, mit der Geisttaufe durch den Heiligen Geist getrieben zu sein und auf dem einzig richtigen Weg mit dem Heiland zu wandeln. Solche oft intoleranten christlichen Gruppierungen haben Zulauf gerade auf Grund ihres Rigorismus, der eigener Verantwortung enthebt, auf Grund ihrer oft arroganten und überheblichen Abgrenzung zu anderen Personen und Gruppen und auf Grund ihrer vereindeutigenden Glaubensvorstellungen, was eigenes Nachdenken überflüssig macht. Auf der Rückseite dieser neueren globalen Erweckungsbewegungen werden Opfer produziert, wenn Menschen diese religiösen Praktiken und Lehren als Zwangsjacke, bisweilen als Terror, als unerträglichen Gruppendruck, Konformitätszwang, als Repression und Entmündigung erfahren und psychisch lädiert aussteigen unter großen Schwierigkeiten.

Als eine Art Fazit: „Mit dem Geistglauben der Pfingstler ist eine moralische Ökonomie verbunden, in der starke Selbstdisziplinierung, Triebunterdrückung und Askese prämiert werden. Viele Pfingstler verzichten auf Nikotin und Alkohol, und sie leben ihre Sexualität sehr viel disziplinierter, entsagungsbereiter als andere Menschen. Sie betonen den Wert der Familie, bringen ihren Kindern relativ große emotionale Nähe entgegen und pflegen autoritäre Erziehungsstile. Auch investieren sie vergleichsweise viel Geld in die Bildung der Heranwachsenden und erzeugen eine demonstrative Kultur der Reinlichkeit mit adrett gekleideten Menschen, sauberen Häusern, gefegten Straßen und gepflegter Natur. Die pfingstlerischen Kirchen sind gerade deshalb in sozialen Milieus attraktiv, in denen bisher über Religion wenig moralische Steuerungskraft entfaltet wurde und die Kraft des Gottesglaubens nicht dazu ausreichte, um etwa hohen Drogenkonsum, Alkoholismus, Promiskuität und Glücksspielsucht einzuschränken. Ihre missionarische Dynamik wird primär von aktiven Frauen getragen, nicht zuletzt in Lateinamerika, auf dessen Religionsmärkten sich schon seit Jahrzehnten dramatische Veränderungsprozesse abspielen" (Graf 2014, 151f.).

IX. Die Diskussionen um Fundamentalismus „totaler Mitgliedschaft", um Monotheismus als gewalttätigen Fundamentalismus, um den „Raffinierten Fundamentalismus von links" und den islamistischen theokratischen IS-Fundamentalismus

Fundamentalismus tritt auf in Varianten der Vergegenwärtigung und Durchsetzung einer als absolut geltenden religiösen, philosophischen, weltanschaulichen *Wahrheit*, eines religiös, politisch, ökonomisch, medial normierten, ritualisierten, faschistoiden *Verhaltens*, als Inthronisation des autonomen *Subjektes* und ebenso in der religiösen Gestalt eines intrinsisch und entsprechend nach außen gewalttätigen *Monotheismus*. Die inzwischen überarbeitete These des Ägyptologen Jan Assmann lautet in Kurzfassung: Monotheismus geriert sich seit Mose (und vorher schon bei Pharao Echnaton) exklusiv und verhält sich entsprechend gewaltförmig-aggressiv nach außen (Schieder 2014, 15ff.; Assmann 2014, 36ff.; Schnädelbach 2009, 86ff.; 100 ff.). Fundamentalismus tritt auf in Form „*totaler Mitgliedschaft*", etwa im mosaischen Judentum, so die These des Philosophen Peter Sloterdijk. Die beiden Thesen berühren sich, weisen aber auch Differenzen auf, die Micha Brumlik herausgearbeitet hat (Brumlik 2014, 196ff.).

Die Thesen des Soziologen Hans Joas zum „*raffinierten Fundamentalismus von links*" bei dem katholischen englischen Theologen John Milbank können zeigen, wie eine exklusivistische christliche Theologie sich gleichsam verabsolutiert und letztlich fundamentalistisch vorgeht.

Die kurze Darstellung der These des deutsch-ägyptischen Politologen Hamed Abdel-Samad, dass Islamismus theokratischer, gewaltförmiger Faschismus und Fundamentalismus sei, zeigt den globalen Charakter eines religiös motivierten faschistoiden Fundamentalismus im 21. Jahrhundert.

1. "Fußnote über Ursprünge und Wandlungen totaler Mitgliedschaft" (Peter Sloterdijk)

Sloterdijk spricht im Blick auf das Judentum von der „ethnoplastischen Funktion religioider Einheitssemantiken ... im Schatten des Sinai". Ablesbar sei dies an der bundestheologischen „doppelten Singularisierung von Volksgott und Gottesvolk" (Sloterdijk 2013, 26), an der „Erwählung" des Volkes Israel als dem einzigartigen Fall, „daß nicht ein Volk, wie üblich, seine Religion hat, sondern daß eine Religion ihr Volk hat". Deswegen genügt es Israel nicht, „nach Art der Völker, den einen oder anderen Gott zu haben, es komme darauf an, vom richtigen Gott, dem einmaligen, gehabt zu werden" (27). In diesem Entweder die Wahl des einen richtigen Gottes und dem Oder einer polytheistischen Religion, später (von Jan Assmann) ‚Kosmotheismus' genannt, gründe die „kultisch explizit gemachte Pflicht zur Grausamkeit ..., die bei der Exekution von strengen Gottes- bzw. Führergeboten demonstriert werden soll" (39), z.B. dem Befehl des Moses an die Krieger Israels, bei dem Rachefeldzug gegen die Midianiter dieses Volk auszuradieren (3. Mose 31) oder gar die innervölkische Scheidung der Geister durch Mose: „Zu mir, wer für den Herrn ist!", und die Abtrünnigen werden getötet (2. Mose 32, 26-28). (An diesem Punkt bezieht Assmann die Scheidung nur auf das eigene Volk und nicht nach außen.) Mit diesem Erwählungs-, Verpflichtungs-, Gehorsams-Verhältnis wird „ein Volk zu einer programmatischen totalen Institution überhöht, die ihren Angehörigen, zusammen mit dem striktesten Vermischungsverbot, die Pflicht zur integralen Mitgliedschaft an einem erhabenen kultisch-ethischen Projekt auferlegt" (44). Mögen auch die meisten Gewaltreden eher heftige Verbalismen gewesen sein, denen keine Realhandlungen entsprochen haben, so zeugen sie doch von „einer Semantik des Bruchs, der Abgrenzung, der Konversion" (Jan Assmann), die „Aspekte einer neuartigen Kultur der totalen Mitgliedschaft" darstellen (43). Deswegen sind die Gläubigen ständig mit der „widersprüchlichen Aufforderung konfrontiert, unbedingtes Vertrauen zu Gottes Erbarmen zu fassen, weil Gott sie andernfalls unbarmherzig vernichtet ... Dieses Muster wirkt noch im Glaubensbegriff des Paulus nach" (47) und ebenso im Islam: „Die drei theogonen Kollektive (sc. Israel/Judentum, Christentum, Islam) teilen miteinander den in der sinaitischen Verschärfung zuerst prägnant ausgeformten Zugriff auf das Leben ihrer Angehörigen im Modus der totalen Mitgliedschaft" (49).

Bei den drei „theogonen Kollektiven" und in ähnlichen Religions-, Weltanschauungs- und Ideologiegruppierungen in aller Welt geht es um den totalitären Zugriff auf das „ganze Dasein" ihrer Mitglieder (51). Das Christentum pluralisierte sich ‚offiziell' 1648 unter politischem Druck in drei Konfessionen und in der Aufklärungszeit im Protestantismus in die Möglichkeit auch außerkirchlicher, kirchenloser Christlichkeit, so dass sich der „Totalzugriff" seitens der Kircheninstitution auf das gläubige Individuum allein durch Gottes Zuwendung zum sündigen Menschen verlagerte (während man auch heute noch aus dem Katholizismus als Glaubensgemeinschaft nicht austreten kann). (Dorothea Weltecke hat gezeigt, dass von den drei Modellen des Exklusivismus, Inklusivismus und Pluralismus de facto im Mittelalter vor allem der Inklusivismus praktiziert wurde um der Kooperation der ‚an sich' exklusivisch verstandenen, monotheistischen Religionen willen (Weltecke 2014, 320).) Im westlichen Judentum hat sich seit dem 18. Jh. eine Emanzipation vollzogen, die über die Gemeinschaftszwänge der Vergangenheit und den chronischen Bundesbruchverdacht hinausgeführt hat. Auf dem jüdischen Weg in den ethischen Liberalismus „kann die ernstgenommene Demokratie als Fortsetzung des Bundes mit anderen Mitteln gelten" (Sloterdijk 2013, 55) – wie im Christentum. (Der Staat Israel wurde 1948 als religionsneutraler Staat gegründet, der seine Ultraorthodoxen regelrecht aushält und sich in manchen Problemen wie z.B. der allgemeinen Wehrpflicht Diskussionen der Zivilgesellschaft ausgesetzt sieht.) Im Islam gilt religionsoffiziell die „totale Mitgliedschaft", was aber der Mehrzahl der z.B. in Deutschland lebenden Muslimas und Muslime nicht bewusst ist. (Politisch verlangen autoritär-faschistoide Nationen dieselbe „totale Mitgliedschaft" und Gefolgschaft bis in den Tod, z.B. im Nationalsozialismus, Kommunismus.)

Mit dem Übergang in eine freiheitlich-demokratische Gesellschaft wird überlieferte Religion „vom Geschäft der Kollektivsynthese" freigestellt und von ihrem Charakter als theokratische „politische Theologie" befreit (55). Mitgliedschaft wird „einerseits prinzipiell optional, andererseits prinzipiell plural verstanden" und gelebt. Zugleich machen sich „Tendenzen zu monolithischen oder mono-mitgliedschaftlichen Lebensformen" bemerkbar, so dass man z.B. Christen, Juden und Muslime fragen muss, ob jemand von ihnen „ohne Heuchelei" zugleich christlicher Fundamentalist und Demokratie-Bürger, Jude oder Muslim und zugleich „Bürger eines westlichen (sc. des deutschen) Nationalstaates sein könne" (58)? De facto verträgt, erträgt und toleriert die moderne demokratische Gesellschaft und der weltanschaulich neutrale Staat viele Eiferer bis an die Grenzen der Rechtsstaatlichkeit, wenn z.B. sogenannte islamische Friedensrichter unter Verwendung der Scharia in Ehe- und Familienstreitigkeiten von Muslimen Recht sprechen. Die damit gegebene Gefahr eines islamistischen Unterlaufens des Rechtsstaates ist aus Ländern wie den Niederlanden, Kanada und bisweilen auch aus Deutschland bekannt. Hier droht seitens des Islams die Gefahr eines Rechts- als eines Religionsfundamentalismus. Demgegenüber gilt für ein aufgeklärtes Christentum in einem dialogisch-balancierenden Trennungsverhältnis zum demokratischen Rechtsstaat, dass es nur dann seine eigene christliche Religiosität verwirklicht, wenn es andere Religionen, Weltanschauungen und Atheismus – im Rahmen des Grundgesetzes – als Glaubens- und Lebensformen anerkennt (und nicht nur duldet). Für diesen Bildungsprozess schlägt Sloterdijk fünf Wegweiser vor (61-63):

- Domestikation des Eiferertums im „Modus Erasmus", also humanistisch;
- Religionskritik im „Modus Spinoza", also aufklärerisch;
- Anerkenntnis der Vielfalt religiöser Erfahrung im „Modus James" (William James 1902: Die Vielfalt religiöser Erfahrung. Frankfurt /M., Leipzig 1997);
- Religionstheorie im „Modus Scholem" als schöpferisches Ringen zwischen häretischen und orthodoxen Kräften;
- Doppelreligion im „Modus Assmann": exoterische und esoterische, volkstümliche und philosophische, lokale und menschheitsuniversale, äußere und innere, politische und natürliche Religion.

Zweifellos sind diese Übungsschritte im aufklärenden Umgang mit Totalität, Fundamentalismus und Vereindeutigung interessant (Sloterdijk 2014, 144f.), sie geben aber mehr Änigmatisches vor als Inhalte und Strukturen für Diskussionen. Es ist verschiedentlich gezeigt worden, dass der biblische und religionsgeschichtliche Hintergrund der Grundthese von Sloterdijk problematisch ist, dass die alttestamentlichen Texte wie z.B. die (später redaktionell eingefügte) Erzählung vom innerisraelitischen Massaker der

Leviten an den Volksgenossen in 2. Mose 32,26-28 mit der Brille christlicher Nachfolge-Hermeneutik statt israelitisch-jüdischer Hermeneutik des Nachdenkens gelesen und exegesiert werden und dass die dahinter stehende (und inzwischen von Assmann relativierte) These von der grundsätzlichen Gewaltförmigkeit des Monotheismus unhaltbar ist (Schieder 2014, 15-35). Schließlich wird man die von Sloterdijk insinuierte Aufspaltung und Aufhebung der Theologie in Poetik/ Theaterwissenschaften und in eine allgemeine Trainingswissenschaft als Verkennung christlicher Theologie aus dem Blickwinkel eines Selbstermächtigungshumanismus zurückweisen (Sloterdijk 2013, 63f.; Gerber 2013, 11-22).

Hier ist ein Hinweis zum Verständnis von Monotheismus notwendig. Sloterdijk behauptet ja nicht, dass die monotheistische Reduzierung des Polytheismus auf die Einzahl des einen Gottes/Göttin das Gewaltpotential einer Religion nach innen wie nach außen ausmache. Sondern die im Judentum geprägte Logik der „totalen Mitgliedschaft" im Religionsbund (am Sinai) braucht zum Erhalt dieses Bundes Gewalt. Aber diese Beobachtung zeigt nur die eine Seite einer „Mitgliedschaft" oder Beziehung. So weisen Kritiker auf mitmenschliche Beziehungen wie etwa ein ‚monopersonales', exklusives Liebes- und Vertrauensverhältnis hin, das als Mono-Beziehung nicht eo ipso gewaltförmig nach innen und Anderen gegenüber sein muss auf Grund der Exklusivität. Die andere Seite einer Beziehung auch im religiösen Bundesverhältnis ist das freiwillige Annehmen, das treue Bewähren, dankbar sein, hoffen ohne Vorgaben, ein liebevolles Miteinanderumgehen der ‚Verbündeten', wovon Erzählungen in der Bibel der Juden und Christen zeugen. Also: Religionen, ob monotheistisch oder polytheistisch, treten ambivalent auf als Friedensstifter und als Gewalttäter, als Helfer und als Kreuzzügler, befreiend und fundamentalisierend, als offene Gemeinschaft und ab- und ausgrenzend. *Monotheismus ist nicht ‚an sich' exklusiv, vereindeutigend, mit Gewalt verbunden.* Monotheismus meint: Gott/Göttin/Gottheit ist nicht greifbar wie ein Bild oder Gegenstand, sondern ist allem Zugreifen entzogen, gleichsam hinter den gewaltförmigen exklusiven Monotheismus geschlüpft.

„Läßt sich Gott überhaupt feststellen? Wir nehmen Gott sozusagen begrifflich in Verwahrung, wir setzen Gott in unseren Ideen fest, wir passen Gott in unsere Bilder ein. Unsere Inhalte (des Begreifens, des Verstehens, des Erlebens, des Erfahrens) machen uns selbst zum Maßstab für Gott. Aber die religionskritische These, wir würden Gott nach unserem Bilde schaffen, erledigt nicht die Frage

nach Gott. Ich mache mir doch auch ein Bild vom anderen Menschen und ein Bild von mir selbst. Die Frage ist, ob die Bilder, die für jede Kommunikation unumgänglich sind, feststehen oder beweglich bleiben, ob sie Raum lassen für das, was dem Anderen eigene und mir fremd ist. Bilder, die verewigt werden, also einfürallemal jede Fremdheit und Eigenheit des Anderen zudecken, sind das Problem" – *sind Fundamentalismus. "Wenn wir von Gott reden, müssen wir uns hüten,, ihn unseren Normen und Moralen zu unterwerfen. ‚Er' ist wohl immer dazwischen, ob wir nun ‚er' oder ‚sie' sagen. Gott hat wohl mehr die Struktur des Zwischen, als daß er den Platz der Ordnung und der Norm besetzt. Jedenfalls ist es mehr als fragwürdig, die Struktur des Unbedingten, des Ewigen, des Allmächtigen, des Höchsten, des Tiefsten etc. inhaltlich zu fixieren, festzustellen und so durch unsere Erfahrungen (mit Bedingtem, Vergänglichem, Mächtigem, Höchstem) festzulegen. Gott im Zwischen. Es muß gehört werden, was nicht im Gesprochenen ist"* (Zilleßen, Gerber 1997, 17-19).

2. Intrinsische Gewaltförmigkeit des Monotheismus (Jan Assmann)

Die von Jan Assmann formulierte These von der Gewaltförmigkeit des von Mose evozierten Monotheismus hat ein großes Echo hervorgerufen von Zustimmung bis zu radikaler Kritik, letztere etwa durch Rolf Schieder (Schieder 2014; Thonhauser 2008). Inzwischen hat Assmann seine These in einigen Punkten relativiert und revidiert (Assmann 2014, 36ff., 249ff.). So beziehe sich das in 2. Mose 32, 26-28 erzählte Massaker durch die Leviten nach innen und nicht nach außen gegen andere Religionen im Sinne eines Kampfes von Glaubenden gegen Nicht-Glaubende, von Guten gegen die Bösen, wobei diese Unterscheidung oft aufgeladen und zur Quelle von Gewalt wird (Beck 2008, 77f.). Der Begriff der „Gegenreligion" gegen polytheistische Praktiken und Gottes-Vorstellungen sei entsprechend irreführend und besser aufzugeben. Der Blick auf polytheistische Religionen zeige, dass dort ebenso Kriege, blutige Opferbräuche, Initiationsfoltern und Gewalt geschehen (seien) und dass „die monotheistischen Religionen sogar eher entgegengewirkt (haben)". In diesem Sinn hat der SPD-Politiker Jochen Vogel die Gottes-Klausel im Grundgesetz von 1949 mit dem Argument verteidigt, diese habe eine antitotalitäre Spitze. „Dennoch ist mit den monotheistischen Religionen eine bestimmte Form von Gewalt zuallererst in die Welt gekommen: *die Gewalt im Namen Gottes"* (Assmann 2014, 37; Assmann 2003, 164). Aber solche Sakralisierung der Gewalt ist, wie man mit Rene Girard annehmen kann (Girard 1983), nicht auf monotheistische Religionen beschränkt. Und Assmann hat zugleich die Wahr-falsch-Unterscheidung in der Religion durch Mose dahin präzisiert, dass es in der Exodus-Erzählung nicht um dieses Entweder-Oder gehe, sondern „um Bindung und Treue", so dass man zwischen einem exklusiv-aggressiven „Monotheismus der Wahrheit" und einem nicht eo ipso gewaltförmigen „Fundamentalismus der Treue" unterscheiden kann (Assmann 2014, 44; Schieder 2014, 33). Hinzu kommt, dass der Begriff des Polytheismus „eine Bezeichnung von außen (ist), die ... einen polemischen Beigeschmack hat. Daher sollte man den Begriff ‚Polytheismus' durch einen inhaltlich prägnanteren ersetzen; ich habe dafür den Ausdruck ‚Kosmotheismus' vorgeschlagen ... Der wichtige Unterschied ist nicht der zwischen Einheit und Vielheit, sondern der zwischen Gott und Welt" (Assmann 2014, 39), so dass der Gegensatz von Monotheismus ein Monismus ist und nicht Polytheismus (Assmann 2014, 49). Aber hier lässt sich mit Rolf Schieder fragen, ob ein Kosmotheismus nicht Ausdruck einer „religiösen Romantik" ist, die die Differenz zwischen Gott und Mensch/Welt aufhebt? „In einer ‚Kosmotheologie' kommt es auf das Individuum nicht im Geringsten an. Im Sinaibund hingegen ist jeder Einzelne gefragt" (Schieder 2014, 27f.). Wird im Kosmotheismus letztlich eine Gott/Götter/Göttinnen-Mensch-Symbiose intendiert, so setzen monotheistische Religionen auf die Differenz von Gott und Mensch und der Menschen untereinander. „Das ist eine elementare Differenz, die jeden wahrhaft Gläubigen davor warnt, sich selbst zum Sprachrohr oder zum Schwert Gottes zu ernennen (sc. seine Gottes-Beziehung zu vereindeutigen). Diese Differenz verhindert jede Anmaßung, in seinem Namen handeln zu können. Heilsgewissheiten und Wahrheitsansprüche sind nichts als Glaubensaussagen, deren Richtigkeit sich erst am Ende der Zeiten erweisen wird – oder aber dann, wenn es Gott selbst gefällt, es den Menschen zu offenbaren" (Schieder 2014, 33f.).

Damit sei — laut Rolf Schieder — zugleich die von dem Soziologen Ulrich Beck vorgetragene ‚Sowohl-als-Auch'-Religion kritisch zu sehen und als „Religion der Entscheidungsunfähigkeit" abzulehnen (Beck 2008). „Es ist auch eine Religion, die Differenz als zu anstrengend empfindet und sie deshalb gern einziehen würde. Der Pluralismus, der den ‚Sowohl-als-Auch'-Missionaren vorschwebt, ist ein nur noch virtueller Pluralismus, in dem alle prägnanteren Positionen in eine selige dionysische Differenzlosigkeit aufgelöst worden sind" (Schieder 2014, 33). Assmann beschreibt deswegen den Spagat von persönlich entschiedener Religionszugehörigkeit und der Achtung der anderen Religionen in ihrem je eigenen Wahrheitsbezug: „Das Problem ist nicht der Monotheismus im Sinne der Verehrung eines einzigen Gottes, sondern die Vorstellung der Offenbarung als einer schriftlich kodifizierten Wahrheit, die exklusiv, einem einzigen Volk,, einer einzigen Gruppe gegeben, und doch zugleich von universaler, alle Menschen angehender Geltung sein soll" (Assmann 2014, 51). Das Respektieren dieser Differenz bedeute Abschied vom Fundamentalismus, auch vom fundamentalisierenden Umgang mit Heiligen Schriften, wie er im Israel der Perserzeit und des Frühhellenismus „auf der Grundlage des entstehenden Schriftenkanons Haltungen (herausbildete), den man in heutiger Terminologie als ‚fundamentalistisch' bezeichnen könnte" (Assmann 2014 b, 263), oder wie es im Islam gehandhabt wird mit der Vorstellung und Praxis eines göttlich eingegebenen Korans oder wie in ‚frommen' Teilen des Protestantismus die Bibel als verbalinspirierte Wahrheits- und Praxisautorität mit Absolutheitsanspruch und exklusiv verwendet wird. Bei allen dreien dient dies der Heiligung und geht einher mit Selbstabgrenzungen. Zum Abschluss Jan Assmann: „Meine Kritik ist nicht antisemitisch, aber antifundamentalistisch motiviert. Eine Lektüre der heiligen Schriften, die unter Berufung auf archaische Texte diejenigen selig spricht, die Verfolgung ausüben, kann sich die globalisierte Menschheit nicht mehr leisten" (Assmann 2014, 264) – auch nicht als islamistisch durch den Koran und auch nicht als evangelikal durch die Bibel legitimierte Gewalt. „Bei allem, was Assmann zum Monotheismus zu sagen hat, geht es ihm um Aufklärungsarbeit, darum, zu verstehen, warum eine monotheistische Religion so viel negatives Potenzial besitzt und trotzdem als zivilisatorische Errungenschaft unaufgebbar ist", urteilt Catherina Wenzel (Wenzel 2005, 345).

Kehren wir nochmals zum Phänomen der Gewalt zurück: Was meint in diesen Diskussionen die Rede von der „intrinsischen Gewalttätigkeit" des Monotheismus? Sie ist lt. Assmann „nicht als eine notwendige Konsequenz, sondern nur als eine mögliche, aber abwendbare Gefahr" zu verstehen (Assmann 2014, 47), was doch wohl für alle Religionen und Weltanschauungen zutreffen kann. „Was in der Unterscheidung zwischen wahrer und falscher Religion angelegt ist, ist nicht Mord und Totschlag, aber doch die Idee der Unvereinbarkeit. Was in einem neuen, emphatischen, auf Offenbarung gegründeten Sinne als wahr gelten soll, schließt alles aus, was damit unvereinbar ist. Im Horizont eines solchen Wahrheitsbegriffs entfaltet sich eine Orthodoxie, die das Falsche festlegt und ausmerzt. Dass das Gefühl der Unvereinbarkeit unter bestimmten Umständen in Intoleranz, und Intoleranz in Gewalt umschlagen kann, ist kaum zu bestreiten. Diese ‚Umstände' gilt es kritisch zu beleuchten. Das ist der Punkt, in dem ich das ‚Risiko' bestimmter Religionen sehe" (Assmann 2014, 47). Also: „Die religionsphilosophischen Theorien, die die Gewalt als notwendige Aktualisierung der Offenbarungsdokumente oder metaphysisch aus den Religionen selbst erklären, halten der empirischen Überprüfung nicht stand. Stattdessen müssen die innerweltlichen Strukturen identifiziert werden, die je spezifisch die Dramatisierung der Gegensätze und die Gewalt verursachen oder die Wogen glätteten" (Weltecke 2014, 320f.). Diese Aufgabe gehört zur Selbstaufklärung der Religionen im Blick auf Tendenzen und Erscheinungen von Gewalt und Fundamentalismus.

Manche möchten der kurz dargestellten Monotheismus-Gewalt-These und der von Rolf Schieder angemahnten „Differenzierungskompetenz auch in religiösen Fragen, mithin der Verbesserung religiöser Bildung" dadurch entkommen, dass sie wie Daniele Dell'Agli für die *Abschaffung der Religionen* und jeglicher „monotheistischer Gesinnung" plädieren (Dell'Agli 2014) oder mit Ronald Dworkin eine „Religion ohne Gott", aber mit einem unabhängigen, metaphysischen, dem religiösen Theismus analogen Werte-Kosmos einfordern (Dworkin 2014, 24). Dell'Agli geht die Zehn Gebote, die jesuanische Tora-Auslegung, die Theologumena vom stellvertretenden Erlösungstod Jesu und der ausgebliebenen Wiederkehr des Messias, der sogen. Parusieverzögerung, dann die Immunisierung des mosaisch induzierten christlichen Glaubens gegen Zweifel, Abfall und Ungläubige, die Autorisierungsstrategien „im Namen Gottes", das Unfehlbarkeitsdogma des Papstes und weitere Typika durch. Er ruft als Zeugen auf: Karl Jaspers, Elias Canetti, Sigmund Freud, Charles B. Strozier, Theodor Reik, und stellt mit diesen fest, dass Judentum, Christentum und Islam das „Grundgefühl der Paranoia" inhärent sei und dass deren Patriarchalismus eine prägende Struktur im Sinne einer gehorsamsgeprägten Übervater-Ideologie darstelle. Zum einen argumentiert er mit dem Historiker und Psychoanalytiker Strozier: „Der Paranoide versteht die geheime Welt des Bösen ganz genau, die er in seinen projektiven Schemata konstruiert hat. Die rigide dualistische Auffassung schützt gegen das Bösartige und versieht das Selbst mit Tugend und Rechtschaffenheit. Der andere wird dann zur Verkörperung des Bösen ... In extremeren Fällen, wenn die Fantasie zur Tat wird, fühlt der Paranoide mehr als bloß Erlaubnis zu töten" (zit. bei Dell'Agli 2014, 282). Und zum anderen argumentiert er mit dem Implikat des Patriarchalismus: „Das Bündnis mit Gott wurde mit einem Schisma zwischen den Geschlechtern erkauft" (Dell'Agli 2014, 291). Auf diese Phänomene und entsprechende Psychodynamik hat bereits Theodor Reik hingewiesen, als er in dem Buch „Der eigene und der fremde Gott" schon 1923 Wurzeln religiöser Intoleranz in den repressiven, verabsolutierenden Glaubenssätzen und restriktiven Verhaltenskodizes des Monotheismus gegeben sah (Reik 1972, 215f.). Und Dell'Agli schließt seinen monotheismusvernichtenden Beitrag: „Zweieinhalbtausend Jahre lang hat die monotheistische Austrocknung des Imaginären, respektive seine Exilierung in mystische und ästhetische Gefilde Entwurfspotenziale verkümmern lassen, die immer noch fehlen, wenn es darum geht, andere als die dogmatisch kodifizierten Quellen von Transzendenzerfahrungen zu erschließen" (Dell'Agli 2014, 296f.).

3. Der „raffinierte Fundamentalismus von links" (Hans Joas zu John Milbank)

Der katholische englische Theologe John Milbank hat als Vertreter der „Radikalen Orthodoxie" mit ihrem Anspruch der Exklusivität der christlichen Heilswahrheit in den Diskussionen um das Verhältnis von Theologie und Soziologie in seinem polemisch gehaltenen Buch „Theology and Social Theory" (1990) gegen die Dominierung der „säkularen Vernunft" (der Wissenschaften) die Oberherrschaft der Theologie gestellt (Lipner 2002, 320). Die christliche Theologie habe weiterhin die Tagesordnung zu bestimmen und nicht andere Wissenschaften, Religionen, Kulturen. Begründet wird diese steile These mit der Vorstellung von Säkularisierung als einer Art Geburtshelferin der neuzeitlichen Welt und Wissenschaften, um mit dieser wirkungsgeschichtlichen Bestimmung die Christlichkeit als Kern auch der modernen westlichen Gesellschaft zu reklamieren. Mag in der Gründerzeit der Soziologie die inzwischen aufgegebene Meinung vertreten worden sein, dass „der Prozeß der Säkularisierung notwendiger Bestandteil des Prozesses der Modernisierung" sei (Joas 2004, 81), so wird Säkularisierung heute statt als Niedergang und totale Privatisierung der Religionen

„als ein kontingenter Prozeß (gedeutet), der zumindest teilweise auf europäische Traditionen territorialer kirchlicher Monopole und der Verknüpfung politischer und kirchlicher Interessen zurückgeht", dies die Meinung von Hans Joas. Zusammen mit Prozessen funktionaler Differenzierungen und Fragmentierungen zwischen gesellschaftlichen Teilbereichen erlischt die Möglichkeit, dass manche Teilbereiche, z.B. die Religion(en), über andere dominieren und einen Alleinanspruch auf Wahrheit erheben wollen. Die Religionen müssen sich im Zuge dieser neuzeitlichen Ausdifferenzierungen ihrerseits neu definieren und sich verhalten zwischen zivilreligiöser Anpassung an die Zivilgesellschaft, radikaler laizistischer Privatisierung und fundamentalistisch-hegemonial konzipierter Einmischung.

Wenn das Christentum in diesen Krisen- und Transformationsprozessen aber „der säkularen Vernunft einen Platz einzuräumen versucht", dann schließt es nach Milbank „perverserweise einen Kompromiß mit etwas ..., das von ihm aus gesehen Abweichung oder Unwahrheit ist" (zit. Joas 2004, 86). Die „säkulare Vernunft" der säkularen Gesellschaft und der sie interpretierenden Soziologie sei reiner Positivismus; die Soziologie sei in ihren klassischen Ausprägungen eine Art häretischer Theologie, letztlich eine getarnte Kirche (Joas 2004, 88). Milbank möchte die modernen Dualismen von Glauben und Vernunft, von Körper und Geist, von Gnade und Natur in einer „partizipativen" Theologie platonischer Prägung transzendieren und zurückbinden in einen gemeinsamen Ursprung. Er möchte die Theologie (wieder) zur Leitwissenschaft, zur „ultimativen Sozialwissenschaft" machen und alle als säkular bezeichneten Intentionen und Phänomene unterlaufen oder überhöhen und sie einfangen in eine ‚rein christliche' Gesamtschau.

Kritisch wird eingewendet, dass diese fundamentalisierende, exklusivistische und kommunitaristisch orientierte Einholung der westlichen Welt in die verloren gegangene christliche Einheit und Geborgenheit der kritischen Wahrnehmung der modernen westlichen Welt entbehre (Hebblethwaite 2000, 523). Hans Joas zeigt, dass Milbank mit seinem engen katholischen Denken nicht fähig und bereit ist, sich auf das religionssoziologische Erbe offen einzulassen und dasselbe gilt für die notwendige Auseinandersetzung mit derzeitigen Theologie-Ansätzen, denen es um die Problematik eines gottlosen, atheistischen Redens von Gott geht (Sölle 1994, 81ff.). Hinzu kommt, dass Milbank sich gegen den Begriff der ‚religiösen Erfahrung' wehrt, um „jede persönlichere Begegnung mit den heiligen Texten zum Schweigen zu bringen und die Funktion der Theologie darauf zu reduzieren, uns zu einer absoluten Unterwerfung unter die universale Herrschaft einer partikularen Kirche" zu überreden (Joas 2004, 86). „Der Hauptfehler dieser ... Versuche, die Idee einer christlichen Gesellschaft wiederzuerlangen und zu verkündigen, ist die mangelnde Vorwegnahme des religiösen und kulturellen Pluralismus der modernen westlichen Gesellschaften. Überraschenderweise basiert eines der meistdiskutierten sozialethischen Werke der 1990er Jahre, J. Milbanks *Theology and Social Theory*, auf einer der ‚Christendom Group' nicht unähnlichen Position, wenn auch ohne Naturrechtsverankerung, nämlich auf einer christlichen ‚metanarrative', die alle anderen ‚narratives' übertrifft" (Hebblethwaite 2000, 517).

Das „Raffinierte" dieses fundamentalisierenden Theologie-Projektes liegt darin, dass im Gewande theologischer Diskussion religionssoziologischer Positionen der Anschein einer Liberalität erweckt wird, während dieser Ansatz im Kern positivistisch, exklusivistisch und antipluralistisch und insofern fundamentalistisch ist, als Milbank sich auf ein letzt- und allgemeingültiges ‚Metanarrativ' zurückzieht.

4. Der islamistische theokratische IS-Fundamentalismus (These von Hamed Abdel-Samad zum islamistischen Faschismus)

Der Deutsch-Ägypter Hamed Abdel-Samad vertritt die These, dass der Islamismus Faschismus in sich enthält und freisetzt, etwa in Gestalt des Kampfes der Isis, die sich umbenannt hat in IS = Islamischer Staat, für ein Kalifat, in dem Staat und Religion, in diesem Fall der Islam, theokratisch eins sind. Die religiöse Bewegung des Islamismus impliziere in nichtreligiöser politisch-nationaler Hinsicht Faschismus (Abdel-Samad 2014a).

> *„Die Weltordnung soll wieder von Gott abhängen und nicht vom Willen der Engländer, Franzosen oder Amerikaner. Es ist eine neue Dimension des Dschihad. IS will raus aus der Defensive. IS ist eine logische Folge des politischen Islams. Seine Vision lautet: Der Islam ist die jüngste, die letzte monotheistische Religion – also das letzte Wort Gottes an die Menschen. Deshalb müssen wir die Welt befrieden durch Islamisierung"* (Abdel-Samad 2014b, 52).

IS ist ein Sammelbecken für junge Fundamentalisten, attraktiv für Migranten auch in Europa, die sich dem ‚Gesetz Gottes' verpflichtet haben und dem Heilsversprechen eines Kalifates bis in den Tod hinein folgen. Dies ist weniger auf Selbstmordattentate und Racheakte gemünzt wie bei Al-Kaida, der ‚Basis‘, sondern es geht um den bisweilen apokalyptisch aufgeladenen Kampf um und für das Kalifat. Kampf, Gewalt, Tötung des Feindes werden sakralisiert (Girard 1983), nicht zuletzt als Akt der Befreiung, um das Unterlegenheitsgefühl und das kränkende Ausgeschlossensein aus der dominierenden ‚westlichen Welt‘ zu kompensieren.

Hier sind die Analysen von Abdel-Samad über Muslime, Islam, Islamismus (z.B. Salafismus) in Deutschland hilfreich. Er zeigt auf, dass Muslime und Islamkritiker von ähnlichen Einstellungen und Gefühlen geleitet werden: Jede Seite meint, ungerecht behandelt zu werden und ihrerseits voll im Recht zu sein. Die einen wie die anderen reagieren auf die politischen, wirtschaftlichen, religiösen, gesamtgesellschaftlichen Umbrüche und Transformationen mit Verunsicherung, und diese Angst projiziert jede Seite auf die jeweils andere Seite bis zum offenen Bekämpfen.

Hamed Abdel-Samad weist darauf hin, dass man nicht allein bei Muslimen und in islamischen Ländern Fanatismus und Faschismus antrifft, sofern sie Islamisten sind und mit kämpferischen Akten und Mitteln einen Gottes-Staat anstreben. Er erinnert daran, dass auch in Europa gefährliche fundamentalisierende Ideologien verbreitet waren, was auch Mark Mazower in seiner Studie „Der dunkle Kontinent – Europa und der Totalitarismus" herausgearbeitet hat (2005, 367ff.).

X. Narzisstische Kränkungen, Ohnmachtserfahrungen und Allmachtstreben als Wege ins Fundamentalisieren

Neuzeitlicher Fundamentalismus hat seinen Entstehungskontexten des Pluralismus und der Individualisierung gemäß verschiedene Quellen und vielfältige wirkungsgeschichtliche Implikationen. Zusammen mit den gezeigten historischen, soziologischen, kultur-, christentums- und religionsgeschichtlichen Motivationen und Wirkungen lassen sich psycho-historische und psycho-gesellschaftliche und auch rein biographische Beweggründe rekonstruieren: als den Weg eines angeblich autonomen Subjektes, das sich selbst fundamentalisierend an die Stelle (eines) Gottes setzt, in die narzisstische Allmachts-Gesellschaft (Richter, Maaz, Meyer-Drawe). So kann der „Sturz der Väter" in die Freiheit oder in einen neuen Fundamentalismus führen (Faulstich u.a. 1989, 17ff., 153ff., 366ff.). Sigmund Freud hatte in seiner therapeutischen Praxis Ähnlichkeiten zwischen den Zwangshandlungen von Neurotikern und ‚Religionsübungen' im Sinne von Riten und festen Bräuchen festgestellt. Diese Analogien veranlassten ihn, Religion als eine universelle Zwangsneurose zu bezeichnen, also als eine Art neurotisch bedingten Fundamentalismus mit Illusionscharakter (Freud 1973, 13ff.; 1974, 164-167).

Im Folgenden kommen die beiden Psychologen und Therapeuten (1) Horst-Eberhard Richter und (2) Hans-Joachim Maaz zu Wort, die psycho-geschichtliche und psycho-gesellschaftliche Elemente einer auf Fundamentalisieren ausgerichteten Gesellschaft rekonstruiert haben und entsprechend Remedien für den individuellen wie gesellschaftlichen Umgang mit Fundamentalisieren anbieten können.

1. "Die Geburt und die Krise des Glaubens an die Allmacht des Menschen" (Horst-Eberhard Richter)

Horst-Eberhard Richter hat in seinem Buch „Der Gotteskomplex" (1979/ 2005), das den signifikanten Untertitel trägt: „Die Geburt und die Krise des Glaubens an die Allmacht des Menschen", den psycho-historischen Versuch unternommen, den Weg der typisch westlichen Gesellschaft als einen Weg des angstgetriebenen Machtwillens des neuzeitlichen Menschen in die psychosoziale Störung des die Ohnmacht einfach verdrängenden Allmachtwahns nachzuzeichnen. Der Mensch landet in einem egoistischen Fundamentalismus, in wahnhaftem Vereindeutigen und schließlich in der Krankheit, nicht mehr leiden zu können und entsprechend alle nicht kontrollierbaren Vorgänge zu verdrängen. „Seit dem Verlust der mittelalterlichen Gotteskindschaft leben wir in einer untergründigen heillosen Angststimmung, gegen die uns nur ein einziges Rezept eingefallen ist: uns selbst die totale Kontrolle über alle Ursachen und Kräfte aneignen zu wollen, von denen uns je Ungemach drohen könnte. Das Entsetzen vor einer unerträglichen Verlorenheit und Ohnmacht in der Welt ist somit die eigentliche Antriebsenergie, die sich hinter dem Drang nach technischer Allmacht verbirgt. Auf diese Weise haben wir den Sinn für unsere Grenzen verloren" (Richter 2005, 5). „Man muß die Umwelt restlos erkunden und sich ihrer bemächtigen, da kein elterlicher Beschützer mehr da ist, der Geborgenheit vermittelt. *Die Furcht, von Gott verlassen zu werden, verwandelt sich in die Sorge vor dem Verlust der absoluten Selbstgewißheit und der intellektuellen Beherrschung der Umwelt*" (Richter 2005, 29). Ein Beispiel für die Theorie der totalen Durchschaubarkeit und Kontrollierbarkeit der Welt durch Mathematisierung hat der Philosoph Gottfried Wilhelm Leibniz (1646-1716) geliefert, der sich die Welt in ihrer ‚prästabilierten Harmonie' als eine Uhr vorstellte – dann braucht man keinen Gott mehr.

„Eine hilflose Abhängigkeitsbeziehung im Verhältnis zu diesem übermächtigen Gott konnte nicht länger ertragen werden. Es resultierte der Versuch, gleichsam mit einem Sprunge durch Identifizierung selbst die göttliche Omnipotenz zu erringen, um aus einer eigenen absolut dominierenden Position eine neue Sicherheit beziehen zu können, welche die verlorene passive Geborgenheit nicht mehr bot. Man floh aus infantiler Ohnmacht in die Illusion narzißtischer Allmacht und lernte, diese Illusion mit Hilfe einer fortschreitenden naturwissenschaftlich-technischen Weltbeherrschung zu befestigen. Man schien in der Lage zu sein, die vordem absolut ungewisse und ausschließlich in der Hand Gottes stehende Zukunft durch die Kausalforschung selbst berechnen und technisch lenken zu können. Jedes Weltgeheimnis ließ sich anscheinend mit den Mitteln der Mathematik lösen. Also verfügte man offenbar über den Beweis, die Potenz zu besitzen, das Erbe Gottes in der Funktion der Weltbeherrschung antreten zu können.

Aber die infantile Abhängigkeit und Ohnmacht, aus welcher der Sprung in die Allmachtsphantasie für alle Zeit hinausführen sollte, blieb innerlich erhalten. Sie ist bis heute die verdrängte Kehrseite, die unterdrückte negative Identität unserer Zivilisation. Ihre Fixierung ist der Preis für die abrupte Anmaßung der gottähnlichen Selbstgewißheit und des Omnipotenzanspruches, der unser Bewußtsein in den letzten Jahrhunderten geleitet hat. Dies ist das Charakteristikum des hier unterstellten Ohnmacht-Allmacht-Komplexes oder ‚Gotteskomplexes', daß die mittelalterliche kindliche Abhängigkeit und Schwäche noch im unbewußten Untergrund weiterbesteht und daß es die Aufgabe der Zukunft sein muß, sie bewußt zu machen und mit dem überkompensatorischen, von Größenphantasien bestimmten Selbstbild zu versöhnen, das die Entwicklung unserer Zivilisation bislang einseitig bestimmt hat.

Ohne diese Versöhnung ist nicht denkbar, wie unsere Zivilisation aus den bislang unüberbrückbaren Gegensätzen herausfinden könnte, die im vorigen behandelt wurden: Es bliebe für alle Zeit bei der unaufgehobenen Polarisierung zwischen Aktivität und Passivität, zwischen leidlosem Machen und machtlosem Leiden, letztlich zwischen der Unendlichkeit und dem Nichts" (Richter 2005, 191f.).

Der protestantische und überhaupt der religiöse Fundamentalismus im Europa der vergangenen gut 250 Jahre wird in diesem Horizont nochmals verständlich in seiner Stoßrichtung einerseits ‚nach innen' als gemeinschaftliche, kollektive „Zwangsneurose" der kompensatorischen Selbstabsicherung durch Rekurs auf den allmächtigen, von uns Menschen absoluten Gehorsam fordernden Gott, und andererseits ‚nach außen' als aus Ohnmacht geborener Hass mit einer Radikalverachtung der ‚bösen Welt' im Sinne von Freuds Verständnis der Religion als einer „universellen Zwangsneurose" (Freud 1973, 13-21; Meyer-Drawe 1990, 150-157).

Der Katholizismus versucht, diesen Dualismus von erbsündlicher Ohnmacht und sakramental vermittelter Allmacht (-sphantasie) gleichsam vorneuzeitlich zu unterlaufen, indem er (a) Gott sakramental in der geweihten Hostie, (b) lehrmäßig in Form der Papst-Unfehlbarkeit in Dogmatik und Ethik, (c) hierarchisch-gottesstaatlich in der Römischen Papst-Kirche, (d) moralisch-pneumatisch in Heiligen-Personen und (d) im gottgesetzten Naturrecht schon hier auf Erden präsent sein lässt. Manche halten das neuerliche Heiligsprechen zweier Päpste durch einen Papst für die „narzisstische Selbstverherrlichung des Systems". Insgesamt beschert die römisch-katholische Kirche ein noch nicht perfektes Abbild der himmlischen societas perfecta hier auf Erden schon. Was dabei dem römischen Katholizismus die Himmel und Erde kurzschließende und ein universales

Naturrecht implizierende analogia entis (Seinsanalogie zwischen Himmel und Erde) ist, das ist dem protestantischen Fundamentalismus die schroffe Trennung von geretteten Bekehrten und ‚böser Welt'. Beiden fehlt die Einsicht, dass wir Menschen lernen, üben, praktizieren können und müssen, uns mit dem Anderen-Fremden in uns selbst und mit dem Anderen-Fremden in der Gesellschaft versöhnen zu lassen und zu versöhnen im Sinne von Richters Versöhnen der kindlichen Abhängigkeit von Gott, Mensch und Welt und Schwäche, Fragilität und Sterblichkeit mit dem „überkompensatorischen, von Größenphantasien bestimmten Selbstbild". Dabei steht oft das wahnhafte Selbstbild eines männlichen Ego, das sich in einer erbarmungslosen Konkurrenzkultur zu unumschränkter Autonomie erheben zu können glaubt, im Vordergrund (Richter 2005, 98ff.), statt dass dieses Ego in Responsivität, Mitgefühl, Verletzbarkeit, Anerkennung der Differenz und Abhängigkeit begegnet. Die Verteidigung dieses Macho-Ego geschieht aus Angst vor dem Normalmaß und gebiert Abwehr mit Fundamentalismus (Stossel 2014; Richter 2006, 17ff., mit weiteren Beispielen) bis hin zur Tötungsphantasie, den Anderen auszulöschen wie wir es im Juli/August 2014 zwischen Israel und der Gaza-Hamas schmerzlich miterlebt haben.

2. Leben mit Ersatzautoritäten (Hans-Joachim Maaz)

Der gegenwärtige narzisstische Mangel, so stellt der Psychologe und Therapeut Hans-Joachim Maaz fest, treibt Menschen dazu, die sich selbst nicht (genügend) gut finden oder elterliche Defizite kompensieren, zur Kompensation der eigenen Schwäche und zur entsprechenden Identifizierung auf Idole aus dem Showbusiness, Sport, Politik zurückzugreifen (Maaz, 2012). Man identifiziert sich mit dem Ansehen und der Autorität des Idols – das im Normalfall selbst an Narzissmus leidet —, stößt dieses aber ebenso schnell wieder ab, wenn sich das Ganze als eine Illusion erweist. Käte Meyer-Drawe spricht deswegen von „Illusionen von Autonomie" (1990). Selbstüberschätzung und Selbstwertmangel, machohafte Großtuerei und Angst, aber auch Selbstwertmangel und permanente Nörgelei („Jammerkultur") bestimmen in gleicher Weise sowohl den Einzelnen als auch die Gesellschaft. In der Leistungsgesellschaft herrscht der kompensatorische Zwang zur Spitzenleistung, zu Größe und absoluter Machtposition und damit zum Verabsolutieren der eigenen Leistung und Meinung oder zu einer kompensatorischen Religion, Weltanschauung, Ideologie. Gesteht eine ‚Größe' einen Fehler, gar Ängste und Unsicherheit ein – etwa im Showgeschäft, Sport oder Politik —, dann wendet sich die Mehrheit von ihm oder ihr ab, weil die starke Führung, die Autorität, der ‚Rattenfänger von Hameln' keine Schwäche zeigen darf, die er oder sie stellvertretend für Fans und Gesellschaft abwenden soll; das Idol wird selbst zum Opfer und ausgestoßen (Girard 1983, 105ff.). Die Grundhandlung des Fundamentalismus ist das Opfern von Menschen an absolute Wahrheiten, die von ‚Auserwählten' personifiziert vorgeführt werden, und entsprechende vorgeschriebene Handlungsweisen.

Opfer-Mentalität gehört – als Tauschgeschäft – zum Kern von Religionen und Weltanschauungen, weil durch Opfern die gestörte Gemeinschaft der Verehrenden, Gläubigen und Eingeschworenen wieder stabilisiert wird. Gerät z.B. die Fangemeinde der Fußballnationalmannschaft in die Krise vor, während oder nach einem entscheidenden Spiel, dann muss ein beliebiger Spieler oder der Trainer, was vorher nicht feststeht und hinterher dann aber bilderreich als ‚notwendig' (genauer: Not-wendig) begründet wird, geopfert, also ausgepfiffen, ausgewechselt, entlassen werden, damit wieder Ruhe eintritt. Das bekannteste Beispiel für die Opferung eines Beliebigen durch die Machthabenden ist die Person Jesus von Nazareth, die es in der damaligen Krisensituation in Jerusalem erwischt hat. Nach Ostern haben Erzähler und Evangelisten die heilsgeschichtliche Notwendigkeit der Opferung gerade dieses Jesus gezeigt, indem sie die Leidensankündigungen Jesu für Worte des historischen Jesus hielten und indem das Lukas-Evangelium das Leben, Sterben und Auferstehen Jesu als gottgewollt darstellt(e). Der Apostel Paulus hat dann wie andere Gläubige eine heilsgeschichtliche Sühnopfer-Theologie entwickelt. Diese christologische und zentrale soteriologische Vorstellung vom stellvertretenden Sühnetod Jesu Christi unterliegt heute vielfältiger Kritik, auch auf Grund ihres fundamentalisierenden Charakters.

> *„Ohne an diesem (sc. jüdischen) opfertheologischen Hintergrund prinzipiell etwas zu ändern, setzt Paulus Jesu Hinrichtung (er spricht verkürzt vom ‚Kreuz') als das unüberbietbare Sühnopfer für die Versöhnung Gottes mit der ganzen Welt in das Konzept ein ... Und trotzdem führt mich kein Weg an dem Schluß vorbei, daß diese Todesdeutung und ihre Fortführung im Meßopfer der Verkündigung Jesu tief widersprechen ... Gottes Liebe, die Jesus weit gemacht hatte, ist durch dieses theologische Konzept wieder zurückgeschraubt worden in ein Bedingungsgefüge.*

> *In ihm wird das Verhältnis Mensch-Gott im tiefsten Grund vom Gehorsam gegen ein göttliches Gebot bestimmt (Phil 2, 6-8). Im Kern seiner Logik wird Gottes Liebe dabei vom menschlichen Gehorsam abhängig gemacht, ja, gefangen gesetzt" (Jörns 2006, 317f.). Daraus folgt: „Wer immer strebend sich um Erlösung bemüht, der und die sollten sich einem Monitum des einem selbstkritischen Christentum geneigten slowenischen Philosophen S. Zizek gemäß überlegen, ob er und sie nicht ‚diesem Streben nach der eigenen (spirituellen) Erlösung als der höchsten Form des Egoismus entsagen sollte'" (Gerber 2008, 71).*

Das Gegenteil von Opfern ist eigenverantwortete Solidarität mit den Opfern. Aber während Opfern, etwa im Straßenverkehr, im beruflichen Aufstieg, im Krieg, sogar in der Familie als notwendig und als Zeichen der Stärke erachtet wird, werden Helfen, Eintreten für jemanden, Solidarität als Schwäche betrachtet. Aber in einer müde gewordenen Spaß- und Risikogesellschaft hält keiner Schwäche, Zweifeln, das Eingestehen von Unterlegenheit oder Fehlern offen aus, es sei denn, er und sie übergeben ihr Leben – dieses eigene Leben opfernd, das als Leben von uns Menschen nicht geopfert werden kann und darf (Agamben 2002, 122-124) — kompensatorisch an ein Idol, an eine Religion oder an eine Weltanschauung und sie verabschieden sich von eigener Verantwortung. Heilung gibt es für solchen kompensierenden Narzissmus nicht, wohl aber kann man damit umgehen lernen, indem man die vielfältigen Ambivalenzen des eigenen Lebens und des Zusammenlebens wahrnehmen und akzeptieren lernt (Bauman 2005, 364ff.). Unter solchen Aspekten lässt sich Fundamentalismus als Pathologie der kompensatorischen, religiösen wie politischen, ökonomischen, medienbestimmten Selbstüberschätzung entlarven. Nur kann man nicht eine ganze Gesellschaft auf die Couch legen und therapieren. Hier kann Aufklärung in der Familie, schon im Kindergarten, in den Schulen und während der Berufsausbildung die Sinne öffnen für Ellenbogen- und Opfermentalität, für Isolation, Ignoranz, Radikalisierungsprozesse wie derzeit etwa bei salafistischen Jugendlichen, für Gewalt als Form der Auseinandersetzung und für rassistische und sexistische Beleidigungen auf Grund fundamentalisierender Ängste vor Neuem und Fremdem. Wer sich auf die Seite des Opfers stellt, kämpft gegen Fundamentalisierer. Wer den Anderen anerkennt in dessen Unterschiedenheit zu sich selbst, widersetzt sich Vereindeutigungsversuchen. Wer sich selbst und Andere zu Zeichen-Personen kompensiert und vereindeutigt und dies an sich selbst wahrnimmt, der und die haben eine Regel des Fundamentalisierens durchschaut und werden diese nach ihren Möglichkeiten außer Kraft setzen. Leiden wie etwa eine Krebserkrankung und Katastrophen wie das 1755 die Neuzeit erschütternde Erdbeben von Lissabon und terroristische Aktionen, das und die wir nicht selbst verantworten können und uns dem Zufall ausliefern, sind insofern Gegner des Fundamentalismus, als sie sich nicht als sinnvoll erklären lassen, sondern in ihrem kontingenten Widerfahrnischarakter ‚außen vor' bleiben (Neiman 2006, 21f.). Solche kontingenten Ereignisse können nicht in sinnvolle Geschehnisse umgemünzt werden: weder durch eine theologische Theodizee-Lehre, noch mittels eines vorsehenden Allah, weder durch eine buddhistische und Schopenhauersche Leidens-Praxis, noch durch eine kosmische Ganzheitlichkeitsphantasie von empathischer Schmerzlosigkeit (Rosenau 2002, 222-228). Mit solchen Kränkungen umzugehen lernen, macht das Erwachsenwerden und demütige Umgehen mit Menschen und Welt aus – gegen Fundamentalisieren und Vereindeutigen.

XI. Kritische Würdigung des protestantischen Fundamentalismus im Streit um die Moderne: 11 Stellungnahmen

Im Folgenden werden 11 Stellungnahmen aus der aufklärend-kritischen Literatur angeführt:

„...Dann entsteht Fundamentalismus: der Versuch, den entwurzelten, verunsicherten Individuen erneut seelischen Halt zu geben durch Kittung eben der Fundamente, die am Zerbröckeln sind" (Türcke 1992, 12).

„Den weltweiten Anstieg des religiösen Fundamentalismus damit zu erklären, daß die Menschen einfache Antworten auf die Probleme einer verwickelten Welt wollen, ist so kurzsichtig wie herablassend. Gewiß, manchmal ist dem so.. Doch sie wünschen sich ebensosehr Weltanschauungen, die moralische Standpunkte ausdrücken: daß Menschenwürde unantastbar ist und einige Handlungen unentschuldbar sind. Niemals sollte man Klarheit mit Einfachheit verwechseln – und in der Moral erst recht nicht. Wer aber das legitime Bedürfnis nach moralischer Klarheit ignoriert, wird die Menschen dazu treiben, es woanders zu befriedigen und sich mit moralischen Vereinfachungen zu begnügen, die sich als Klarheit ausgeben" (Neiman 2006, 18).

„An die Stelle des prinzipiell unabschließbaren und für alle Argumente offenen Diskurses, der die Wissensform der Moderne ist, tritt ein zum festen Fundament allen weiteren Fragens, Wissens und Handelns dogmatisiertes absolutes Wissen, das der wissenschaftlichen Prüfung und der relativierenden öffentlichen Debatte entzogen wird" (Meyer 1989, 161).

„Der Fundamentalismus ist keine selbständige Bewegung mit eigener Lehre, sondern eine heftige, aber schlecht informierte Protestbewegung gegen den extremen und militanten Liberalismus. Im Unterschied zu anderen konservativen christlichen Bewegungen hat der Fundamentalismus keinen eigenen Ausgangspunkt, sondern ist eher eine Reaktion gegen eine wirkliche oder vermeintliche Gefährdung des christlichen Glaubens" (Ahlstrom 1958, 1179).

„Obwohl der Fundamentalismus nicht völlig homogen ist und bisweilen progressive Aspekte einschloß, dominiert in *politischen und sozialen Fragen eine sehr stark konservative Tendenz zum äußersten rechten Flügel ... In den 70er und*

80er Jahren versuchten fundamentalistische Gruppen zunehmend, bes. in den USA, ihre politische Kraft zu organisieren und die Gesellschaft als Ganze an dem von ihnen bevorzugten Denk- und Lebensstil zu orientieren" (Barr 1986, 1406).

„Der Fundamentalismus ist zu fragen, ob er nicht – gewiß gegen die eigentliche Intention vieler seiner Vertreter – im Begriff ist, diesen pneumatischen, als solcher freilich theoretisch ungesicherten Gewißheitsgrund des Glaubens gegen eine theoretisch, auf ihre Weise historistische und höchst brüchige Konstruktion zu vertauschen" (Joest 1983, 737f.).

„Fundamentalisieren und Vereindeutigen jeglicher Art vollzieht sich als Herrschafts-, Macht- und Gewaltausübung, als Ausschalten von Kritik, Zweifel und Alternativen und als das Auslöschen der geschöpflichen Einzigartigkeit eines jeden Menschen. Die Achtung der Würde jedes einzelnen Menschen in der Differenz zu den Anderen oder, theologisch gesprochen, seine Gott-Ebenbildlichkeit werden der religiös, politisch, nationalistisch, ökonomisch gerechten Sache geopfert. Immer ging und geht es um religiöses, politisches, soziales, rechtliches, rassistisches, sexistisches, kulturelles, technologisches Vereindeutigen als einer Lebenseinstellung und Lebenshaltung, die die andere, nämlich die gewaltsame Seite des kritischen demokratischen Aufklärens bildet, was oft verschleiert und vielfach ausgeblendet wird. Fundamentalisieren und Vereindeutigen können nicht heilsam sein" (Gerber 2008, 187).

„Bei den religiösen Fundamentalismen der Gegenwart handelt es sich nicht *um Ursprungsfundamentalismen, sondern um moderne, teilweise reflexiv moderne Fundamentalismen, die die kosmopolitische Konstellation (Massenmedien, Internet, Zerbrechlichkeit der westlichen Zivilgesellschaft) zu nutzen wissen wie Fische das Wasser. Solche ‚Fundamentalismen' zeichnen sich durch vier Merkmale aus: (1) Wiederherstellung von Fraglosigkeit; (2) totalitäre Gottunmittelbarkeit der eigenen Glaubensgewißheit; (3) Verteufelung der Ungläubigen und Andersgläubigen; sowie (4) transnationale Netzwerke und Operationen"* (Beck 2008, 214).

„Doch genau darin liegt das Problem, das sich in diesem kulturellen Umbruch zeigt: Religionen bieten keine klar eingenordeten Wahrheiten, vielleicht mit festem äquatorialem Standort, auf die eine Religionsantenne nur noch auszurichten ist. Im Gegenteil, Religionen und ihre Anhänger sind immer *Teil dieses Umbruchs, den sie mit herbeiführten. Seit der Aufklärung lautet im christlichen Kulturkreis also die Grundfrage: Wie gehe ich als Christ, wie gehen die Konfessionen, wie geht das Christentum insgesamt mit dieser neuen Situation um? ... Vielleicht hängt der Siegeszug des christlichen Fundamentalismus und des Antimodernismus innerhalb der Kirchen nur damit zusammen, dass im Westen die christliche Religion, sofern sie im Einklang mit der Moderne lebt, wirklich erkaltet ist, wie*

Safranski behauptet ... Es findet keine Auseinandersetzung auf Augenhöhe statt und der Fundamentalismus hat keinen Widerpart mehr, der ihm den notwendigen Respekt abzwingt" (Häring 2013, 45, 108).

„Christliche Fundamentalisten drohen – nicht anders als jüdische, islamische oder hinduistische – genau in dem Maße zu einer Gefahr für das friedliche Zusammenleben der vielen verschieden Glaubenden und Nichtglaubenden zu werden, in dem sie nicht mehr bereit sind, bestimmte grundsätzliche Probleme in einen gelehrten Diskurs von Fachleuten zu überführen. *Religionskonflikte bergen dann immer wieder das Potential eines Endkampfes um Heil und Verderben und werden von ihren glaubensernsten Protagonisten häufig zur dramatischen Entscheidung zwischen Gottestreue und Gottesverrat radikalisiert. Wer sich vor solch eine Alternative gestellt weiß, relativiert rasch auch die Geltung gegebener staatlicher Gesetze, weil er sich an ungleich höheres, unbedingt verpflichtendes Recht gebunden fühlt: an das Gesetz Gottes. Die Legitimität positiven Rechts wird einem radikalen Gottesvorbehalt unterworfen: Recht sei allein dann verbindlich, wenn es mit dem von Gott selbst geoffenbarten Gesetz, der* lex divina, *übereinstimme, das keineswegs nur Spezialgeltung für die Frommen besitze. Vielmehr repräsentiere es eine universell gültige, alle Menschen bindende absolute Norm und bilde die einzig tragfähige Grundlage der Ordnung menschlichen Zusammenlebens ... Eine Kultur, in der Menschen mit heterogenen religiösen Überzeugungen friedlich koexistieren, vermag nur zu funktionieren, wenn alle in ihr Lebenden bereit sind, Unterscheidungsleistungen zu erbringen – Unterscheidungen zwischen dem, was für alle gelten soll, und jenem, das jeder nur für sich selbst gelten lässt. Wer dagegen die eigene Lebensnorm gottesbegeistert absolut setzt, kann andere immer nur als Missionsobjekte oder Feinde wahrnehmen"* (Graf 2014, 244f.).

Zusammenfassung: *„Erstens, Fundamentalismen sind Identitätspolitiken, deren Mobilisierungsdynamik sich in hohem Maße aus ihrer Fähigkeit ableitet, Probleme sozialer Ungleichheit religiös zu deuten und in Ermächtigungsstrategien umzuwandeln. Die globale Gerechtigkeitsfrage wird als wichtiger Hintergrund der Problematik sichtbar. Zweitens, Fundamentalismen sind nicht nur in religiöser, sondern auch in säkularer Form möglich. Von besonderer Bedeutung für die globale Fundamentalismusproblematik ist, dass auch die westliche Moderne in ihrer technokratisch-instrumentellen Strömung ein hohes fundamentalistisches Potenzial aufweist – wenn sie nicht demokratisch und im Blick auf gerechte Verteilung von Gütern und Chancen unter politischer Kontrolle gehalten wird. Diese beiden Ergebnisse zusammengenommen verweisen darauf, dass sich das Problem der religiösen Fundamentalismen nicht lösen lässt, indem ihnen gegenüber einfach die politische Legitimität einer säkularen, technokratisch geprägten und neoliberale verfassten westlichen Moderne behauptet wird. Ein solcher Versuch liefe darauf hinaus, den Teufel mit Belzebub auszutreiben. Dass dies auch faktisch der Fall ist, zeigen gewaltsame Demokratisierungsversuche im Nahen Osten hinreichend* *deutlich. Eine offene Gesellschaft lässt sich nur entwickeln, indem die für sie notwendigen Bedingungen geschaffen werden. Dazu gehört vor allem die Reduktion der gesellschaftlichen Ungleichheit nicht nur auf ein erträgliches, sondern auf ein produktives Maß ... Das entspricht der Tradition einer soziologisch aufgeklärten hermeneutisch-pluralistischen Moderne in hohem Maße. Denn – selbst wenn das mittlerweile fast in Vergessenheit geraten ist – neben der Freiheit und Gleichheit hat die französische Revolution auch die Brüderlichkeit proklamiert"* (Schäfer 2008, 40f.).

XII. Einige Hinweise zu einem aufgeklärten Umgang mit Fundamentalismus

Es folgt der Versuch, die Analysen, Diskussionen und die 11 kritischen Stellungnahmen zusammen zu fassen unter dem Aspekt: Wie kann man mit den gezeigten fundamentalistischen Strömungen und Tendenzen in allen Lebensbereichen so umgehen, dass sie nicht neue Fundamentalismen generieren? Es zeigt sich derzeit global in Krisenregionen und Krisensituationen, dass die herkömmlichen, bislang verlässlichen Ordnungsmechanismen wie das Internationale Völkerrecht, Institutionen wie die Uno und Nato, die Europäische Konferenz über Sicherheit und Zusammenarbeit in Europa von 1975, politische Vereinbarungen zwischen Blöcken und bislang meistens fruchtbaren Formen von Verhandlungsgesprächen immer deutlicher an Bindungskraft verlieren. Das Völkerrecht wird von den Großen wie USA, Russland, China und ebenso von den Kleinen wie Nordkorea und in afrikanischen Staaten einfach gebrochen. Politische und wirtschaftliche Verträge werden einseitig übergangen. Auf dem Rücken solcher Wortbrüche, widerrechtlicher Annexionen und Ausgrenzungen und kriegerischer Aktionen verbreiten nationalistischer, rassistischer, auch ökonomischer Fundamentalismus und etwa im vorderasiatischen Raum religiös-islamistischer Terrorismus Angst, Schrecken und Flucht, überziehen ganze Regionen mit Krieg und verschärfen in voller Absicht dort die Zerstörung der bisherigen Ordnung. In Europa wächst bei manchen die bislang freilich unbegründete Angst vor einer islamistischen Attacke. Aber auch auf die Krisenerfahrungen mit entdemokratisierender Politik und Wirtschafts- und Bankendominanz, mit punktuell unverständlich gewordener Rechtsstaatlichkeit und Allmachtsansprüchen der Medien in unserer Gesellschaft über unsere Gesellschaft und in der derzeitigen europäischen Integrationspolitik reagieren Bürger und Bürgerinnen, auch Verbände und Interessengruppen mit Gegenfundamentalisieren.

Lösungswege aus dieser Sackgasse können weder eine ihrerseits fundamentalisierende Zurückweisung noch ein Verdrängen aller Fragen nach gutem Leben in Freiheit, nach moralischen Motiven und nach religiösen Einstellungen in den Privatbereich ohne öffentliche Diskussionen sein. Als möglichen Weg fordern Sozialphilosophen wie Oskar Negt, Axel Honneth, die Philosophin Martha Nussbaum und gesellschaftskritisch orientierte Politiker, Theologen, Soziologen die Bündelung öffentlicher Macht und Kompetenzen von Verbänden, sozialen Bewegungen, zivilen Assoziationen, NGOs und Protestgruppen, damit mit koordinierten Strategien und in kooperierenden Aktionen der parlamentarische Gesetzgeber unter Druck gesetzt werden kann, damit dieser in kritischer Kooperation mit Wirtschaft, Banken, auch mit Medien Schritte zur sozialen Wiedereinbettung des kapitalistischen Marktes festlegt und durchsetzt (Honneth 2011). Der global herrschende neoliberalistische Markt muss transparent gemacht werden, er muss sozialisiert, zivilisiert, humanisiert werden in der Weise, dass wir Menschen den Markt für unser plurales Zusammenleben organisieren können und nicht umgekehrt uns der monopolistischen Macht des Marktes unterwerfen müssen. Die Pluralität der Lebensstile und deren Bedürfnisse müssen Markt, Politik, Medien bestimmen können, um Teilhabe und Achtung und damit Freiheit erfahren zu können.

Schaut man nochmals holzschnittartig auf die Genese des neuzeitlichen Fundamentalismus, dann ging es in Europa im Umbruch vom Spätmittelalter in die Neuzeit um die Ablösung des vorneuzeitlich-monistischen, metaphysisch verankerten, philosophisch wie theologisch christlichen Fundamentalismus durch den neuzeitlichen Fundamentalismus in pluralistischen Gesellschaften der Neuzeit. Dieser ‚moderne' Fundamentalismus wurzelt in mannigfachen Umbruchbereichen: in der reformatorischen und ebenso von dem Renaissancephilosophen Pico della Mirandola vertretenen Zwei-Reiche-Vorstellung mit der Pluralisierung des Weltlichen, in der Umstellung auf die an Handel und Geldwirtschaft orientierte neuzeitliche Produktions- und Verteilungsweise und in dem damit hervorgerufenen Aufkommen des bis heute weltweit herrschenden Kapitalismus. Agrarkrisen, Hungersnöte, Epidemien, der Dreißigjährige Krieg brachten die Betroffenen dazu, eine starke politische und religiöse Hand zu fordern und zugleich Sündenböcke auszumachen, so dass etwa die Hexenverfolgung in Europa ihren Höhepunkt zwischen 1550 und 1650 hatte. In solchen Krisenzeiten sind Fundamente und Führer selbst als Despoten gefragt und werden (anfängliche) Demokratie, Menschenrechte und die Achtung der Würde aller Menschen nur von Minderheiten getragen.

Der Kapitalismus entstand in dieser Zeit mit seinen Wurzeln in der calvinistisch inspirierten und vom Erwählungs- und Bewährungsgedanken getragenen, zweifelsfreien Sicherheit des Unternehmers, der sich als Auserwählter Gottes zugleich der Welt zuwendet und sich bis in imperialistische Ausbeutungsmethoden engagiert. Er setzt sich ökonomisch für Rendite ein und vollzieht so etwas wie fundamentalistische Wirtschaftsinszenierungen. Der neuzeitliche Fundamentalismus ist in Europa christlich-protestantischer wie weltlich-ökonomistischer und humanistisch-emanzipatorischer Natur zugleich. Die Oberhand hat das rentable Kapital gewonnen: „Alles, die Politik, sogar der Protestantismus unterwarf sich den Regeln des Profits", stellt die englische Historikerin Linda Colley fest (zit. Jungclaussen 2014, 22). Diesem fundamentalisierenden Kapital-System, auch als Casino-Kapitalismus apostrophiert, traten Teile des Protestantismus ihrerseits mit Glaubens- und Lebensstilfundamentalismen als ‚letzte Rettung' entgegen, während die Kirche(n) sich mehr oder weniger willig „unterwarfen". Der Pluralismus wird gesellschaftlich insofern eingeklammert, als er nur noch unter dem Dach der ‚kolonialisierenden' Kapital-Ökonomie und der nach ihrer Pfeife tanzenden Politik, Medien und Leitkulturen dahinvegetieren kann. Angesichts dieses monopolistischen Wirtschaftsfundamentalismus mit seiner irrsinnigen Wachstumsideologie, Ressourcen-Verschwendung und Ausbeutung ganzer Völker geht es heute mehr denn je um die Wiedereroberung der Freiheit der Bürger und Bürgerinnen, um die Rettung des Pluralismus, um die Vorordnung der Menschen vor alle Systeme, Instrumente, Funktionen. Es kann nicht um eine Rechristianisierung gehen, wohl aber um eine Humanisierung, wie sie bisweilen auch von Papst Franziskus eingefordert wird.

Es gab und gibt verschiedene Versuche, den Pluralismus einzudämmen und sogar ohne expliziten Fundamentalismus zu hintergehen auf ein universal gültiges Integrationsmedium oder -kriterium hin: etwa die Idee der einen, mit *der Vernunft* und *Würde* begabten *Menschheit*, die sich in vernunftgeleiteter Kommunikation zurechtfindet, wenn man sie in einem menschenrechtlichen Rahmen gewähren lässt. Von Hegel her spukt immer wieder die Idee der *Weltvernunft* und ihrer sich fortschreitend vollendenden Selbstinszenierung durch manche Köpfe. Diese Vorstellung findet sich auch in der Vision von dem vernünftigen, sich selbst bestens regulierenden (Welt-) *Markt* als dem universalen ökonomistischen Kriterium für gutes Zusammenleben. Ein universalistisches ethisches Modell soll die Idee des römisch-katholischen Theologen Hans Küng bringen, ein allen Religionen, Kulturen, Menschen mehr oder weniger deutlich inhärentes *Weltethos* herauszudestillieren. Vor allem der römische Katholizismus bietet weiterhin das Integrationsprinzip des höchsten, wahren und guten *Gottes* an, den man sogar plausibel beweisen kann, wie es z.b. der Theologe Thomas von Aquin (1225-1274) mit seinen Gottes-Beweisen in seiner Summa Theologiae vorgeführt hat (Clayton 1984, 732-736), und die der Aufklärungsphilosoph Immanuel Kant (1724-1804) als metaphysische Konstrukte ohne empirischen Gehalt zurückgewiesen hat (Clayton 1984, 743f.). Alle diese mehr oder weniger romantischen und auf metaphysischen Prämissen beruhenden Versuche sind an ihrer Fundamentalisierungstendenz gescheitert. Die neuzeitliche Erfahrung des Fremden, Anderen, Entzogenen hat solche Versuche, Menschen und Gesellschaften auf ein Prinzip von Wahrheit zu verpflichten, widerlegt und verlangt weiterführende kommunikative Überlegungen in pluralistischem Horizont.

Ein Beispiel für einen offenen Verständigungsprozess mag die Form des Protestantismus bieten, der seiner jesuanischen Intention und Dynamik nach als permanente „Reformation" in einem ständigen Sich-selbst-Übersteigen lebendig ist (Nancy 2002; Gerber 2008, 230ff.; Engel 2013, 99-103). Dies geschieht in Formen von Selbstkritik und zugleich als kritischer Umgang mit Anderen, mit Überlieferungen und mit der Schöpfung im Sinne eines permanenten, schon immer geschehenden Dialoges, so wie man die Schöpfung als großes Dialoggeschehen verstehen kann. Und man begegnet dieser Art von offenem Miteinanderumgehen in der Kultur des Zweifels im Sinne von Paul Tillich, der Zweifeln als Erfahrung von Glauben verstanden hat in der Abwehr von Fundamentalismus (Tillich 1924, 19-32). Es geht um aufmerksames sinnliches Wahrnehmen im Vertrauen auf die Veränderbarkeit von Mensch und Welt und um reflektierendes verantwortliches Umgehen mit allem Begegnendem und Zuhandenem. Die Orientierung in einem offenen Welt-Bild konkretisiert sich in der Freiheit zur verpflichtenden Gestaltung von Demokratie und der Realisierung von Menschenrechten, geht es doch um das Wohl der Anderen und der Schöpfung. Dieser sich ständig durch die Gläubigen verändernde

Protestantismus beruft sich auf das ‚protestantische' Modell in Gestalt der Bergpredigt Jesu, sofern diese erstmals nicht nur das auserwählte Volk der Juden ansprach, sondern intentional alle Menschen betraf. Die oftmals praktizierte Focussierung auf eine sich selbst als erwählt bezeichnende Nation, oder auf eine rassistisch, sexistisch, religiös oder weltanschaulich exklusivistisch agierende Personengruppe wird durchbrochen nicht auf ein dahinterliegendes Einheitshumanum hin, wie es ein Destillat einer Zivilreligion oder eines Grund-Ethos vorgibt, sondern entsichert die Angesprochenen zu eigenem Antworten in Freude wie in Leid. Eine solche Befreiung kann erschrecken, zumal sie als Widerfahrnis geschieht. Solche Befreiung trifft uns Menschen in unseren Beziehungen und nicht zuerst in unseren Wünschen, Bedürfnissen und Kompetenzen. Man wird verletzlich in diesem Befreiungsgeschehen und bekommt Folgen unserer Ambivalenz und Fragilität beglückend und niederschmetternd zu spüren. Man wird sich selbst entzogen und kann und muss auf den Anderen antworten. Das sind zwingende Widerfahrnisse, die Mut, Phantasie und Kraft ebenso mitbringen wie Verzagen und Ausgegrenztwerden bis hin zur Enthemmung zum religiösen Mord, die also stets ambivalent bleiben. Sie lassen Fundamentalisieren und Vereindeutigen hinter sich, aber sie können ebenso im zerstörerischen Fundamentalisieren enden. Es kann niemand sagen, er sei gegen Fundamentalisieren ein für allemal gefeit.

Dieses biblisch-jesuanische Erbe gilt es wach zu halten einerseits gegen jeglichen religiösen Fundamentalismus einer perfekten ‚geistlichen' Jenseits-Gegenwelt und andererseits gegen den kulturellen, populistischen Fundamentalismus einer perfekten Diesseitswelt. Beide Fundamentalisierungen: die religiösen wie die ‚säkularen', sind getragen von der neuzeitlichen Perfektions- und der modernen Optimierungsvorstellung, die ersteren mit dem Ziel des neuen ‚geistlichen', ‚entweltlichten' Menschen durch Bekehrung und Bewährung im unerschütterlichen Glauben, die letzteren mit der Vision von autonomen und autarken Selbstinszenierern und z.B. von einem neuen ‚hybriden', aus Mensch, Tier, Naturstoffen technisch hergestellten und restlos ‚materialisierten' Menschen (Transhumanismus, Synthetische Biologie, Enhancements). Es geht hier um global gestellte und verhandelte Exklusivansprüche verschiedener religiöser wie ‚säkularer' Erlösungsoptionen für unser zukünftiges Mensch-Sein und um deren Durchsetzungsstrategien: In welcher (Welt-) Gesellschaft möchten wir leben und wie können wir diese erreichen und dann erhalten? Es geht – vor allem im politischen und religiösen Fundamentalismus – um eine von Exklusivgruppen angemaßte klare Unterscheidung von gut und böse, von guten Auserwählten und verworfenen Menschen. Wer aber definiert und identifiziert die „Achse des Bösen"? Welches Recht haben Staaten wie die USA, sich überall in der Welt auch ungefragt und gegen Völkerrecht einzumischen? Wer bestimmt über Krieg und Frieden und über deren Bedingungen, über umwälzende technologische Neuerungen wie einst das Fernsehen, und über die globale Ökonomie? Wer darf Sozialverhalten und Familienformen festlegen, wer darf über Homosexualität, Abtreibung und Todesstrafe urteilen? Nur wenn wir alle diese Schieflagen benennen und ihre Behandlung durch demokratische Institutionen, auch im knirschend zusammenwachsenden Europa, festlegen, lässt sich die *Gratwanderung des Antifundamentalisierens* durchführen. Das Grundproblem einer solchen Gratwanderung lautet: Man kann sie als ein Gemisch aus unverfügbaren Widerfahrnissen und eigenen Aktivitäten nicht einfach planen und mit sicherem Erfolg durchführen, im Gegensatz zum Fundamentalisieren, das man von sich aus als ein ideologisch oder religiös vorgegebenes Programm inszenieren kann. So wie etwa friedensfördernde Maßnahmen und Friedensschlüsse arrangiert werden können, Frieden selbst sich aber nicht gleichsam direkt und ‚von vorne' wie auf Befehl einstellt, so sind Pluralismus und Freiheit fördernde und darin antifundamentalistische Maßnahmen zu installieren, aber eine offene Lebenswelt ohne Fundamentalismen ist nicht direkt herstellbar. Diese Einsicht ist die Botschaft der vorgelegten Analysen und Interpretationen.

Entsprechend hat sich auch die christliche Religion ständig gleichsam zu verflüssigen, sich zu dekonstruieren, wie der Fachbegriff für ein auch theologisches Nachdenken heißt, das sich von allen Bedingtheiten und Normativitäten nachmetaphysisch frei zu machen versucht und somit alles in Frage steht und Widerstand gegen Bedingtes als Unbedingtes vonnöten ist (Engelmann 1990, 5ff.; Gamm 2002, 122-124). Die herkömmliche „theologische Idee der Souveränität" als Weltblick ‚von oben' wird aufgelöst ohne Reste „eines Phantasmas der souveränen Verfügung" (Derrida 2001, 75). In dieser Intention vermag ein kritisch-protestantisches Christentum im Umfeld der „Weltrisikogesellschaft" als humanisierender, demokratisierender, selbstkritischer, aufklärender Sauerteig an der Gestaltung einer freiheitlich-antifundamentalistischen Moderne mitzumachen, ohne dabei Glauben und politisches Engagement in ihrem dialektischen Zueinander entweder laizistisch zu entkoppeln oder kurzschlüssig theokratisch zu identifizieren: Es gibt keine christliche Politik (denn dies wäre Ausdruck von Fundamentalismus (Beck 2008, 209-214)), wohl aber kritische, verantwortungsbewusste Politik von Christinnen und Christen.

Könnte ein reformatorisches Christentum als eine Ausgestaltungskraft der Moderne, die sich durch ihren universalistischen Anspruch und ihre Fundamentalismen immer wieder selbst gefährdet und Konflikte generiert, dafür eintreten, dass die bestehenden und abzusehenden Religions-, Politik-, Ökonomie- und Kulturkonflikte diskursiv und in Achtung der Anderen bei allen Meinungsdifferenzen miteinander im Rahmen der Menschenrechte und der Grundgesetze bearbeitet werden? Immer mehr Stimmen vertreten die Meinung, dass die schwelenden und offenen Konflikte zwar mehrheitlich durch soziale Ungleichheiten ausgelöst werden, dass sie aber religiöse und meistens damit verbundene ethnische Wurzeln und Ursachen haben. Dies würde manche Blindheit westlicher Politiker für die religiösen Implikationen von Weltkonflikten verständlich machen. Auf der anderen Seite müssen Religionen und Weltanschauungen sich zu der Einsicht und entsprechenden Praxis durchringen, dass sie den neuzeitlichen Schock, dass sich ihre eingeschriebene Universalität und jeweils behauptete Alleingültigkeit an der faktischen modernen Welt bricht, weder mit Fundamentalismen bis hin zu Terror noch mit eskapistischer Flucht und infantilisierender Regression aus der Gesellschaft, noch mit totaler Anpassung im Sinne eines zivilreligiösen Kitts einer fragmentierten Moderne beantworten dürfen. Entsprechend müssen wir auf unsere europäische Christentumsgestaltung und auf kosmopolitisch sich revitalisierende Religionen und entsprechend global agierende religiöse und ebenso atheistische Fundamentalismusbewegungen achten. Es gilt, den im Judentum in Form einer rechten Orthodoxie, im Islam in Form von Islamismus und z.B. im Hinduismus in Form eines Hypernationalismus auftretenden Fundamentalisierungen zu begegnen (Beck 2008, 207-249).

Es geht letzten Endes um die Grundfrage an unser Verständnis von Menschsein in gesellschaftlichem, globalen Zusammenleben: ob wir die Einzigartigkeit und Würde aller Menschen und damit ihre Differenz zueinander achten und dafür verbindliche Strukturen organisieren, oder ob wir diesen Ansatz bei der Pluralität unterlaufen und einen letzten normativen Wesenskern mit unumstößlichen Wahrheiten phantasieren, auf die hin wir Politik, Ökonomie, Medien, Bildung und Religion funktional ausrichten und mit Exklusivitätsansprüchen ausstatten, damit niemand in diesem Gehäuse quer kommt oder gar aus diesem Gehäuse ausbricht? So wird z.B. einem Grundschulkind am Ende der 2. Klasse bescheinigt, dass es endlich seine Besonderheiten abgelegt und sich an die Klassenmentalität angepasst habe – so geschieht pädagogisch-pragmatischer Fundamentalismus als Bildungsaufgabe auch noch im 21. Jahrhundert. Dieser *pädagogische Fundamentalismus* wird gestützt durch die grassierende technokratische „Planungsrationalität", mit der das unauflösbare Paradox des Lernvorgangs gelöst werden soll, damit die Lehrkraft, Eltern, Erzieherinnen nicht die Last und den Frust des Scheiterns eingestehen müssen, das aber jedem Lebensvollzug einschließlich dem Lernen innewohnt (Wimmer 2006, 28-33). Weder für das Scheitern und Gelingen von Bildung und Erziehung gibt es eindeutige Prognosen, noch für ein sinnvolles Leben und Zusammenleben als Freisetzung in unseren Beziehungen.

Der in unserem Zusammenleben ständig aufkeimende Hang zum Fundamentalisieren kolonialisiert alle Lebensbereiche einschließlich der Religion(en). Die übliche Reaktion hierauf ist das Verlangen nach Schutz gegen unser Ausgesetztsein und nach Geborgenheit angesichts unserer Unstetigkeit, was als Erlösungs- und Heilsangebot von Religionen, auch vom Christentum, verlangt und von diesen versprochen wird. Aber: „Mit diesen Bedürfnissen und Erwartungen verstehen wir Religion immer noch als Heilsdroge. Wir nehmen sie (sc. und ebenso die Ökonomie, Medien u.a.), um die Enttäuschung unserer Selbstbehauptung und unseres Selbstbildes zu vermeiden". Wir kennen Religion aber auch ganz anders: Im Gegensatz zu sicherndem Kapital und einpferchenden Leitkulturen kann Religiosität gelebt werden in der geschenkten Freiheit zum Suchen, Aufbrechen, Fremdsein (Zilleßen, Gerber 1997, 16f.). Halt finden nicht in Sachen, sondern von Anderen gehalten werden. Trost finden nicht in Accessoires, sondern von Anderen getröstet werden. Solche Widerfahrnisse geschehen als das befreit-schwankende Leben und Zusammenleben ohne Vereindeutigungszwang und öffnen uns den re-lativen, nichtfundamentalisierenden Umgang mit Religionen, Weltanschauungen, den Weltdingen.

Aber diesen Befreiungserfahrungen, die zugleich an den Anderen, den Nächsten gebunden sind und binden, steht Religion, steht das Christentum oft selbst im Wege. Dieser Widerstreit lässt sich an drei Beispielen zeigen:

(a) Fundamentalismus als Bemächtigungsreligion

Christlicher ‚neuzeitlicher' Fundamentalismus besteht auf globaler Macht und Weltherrschaft, weil es nur eine einzige exklusive Wahrheit geben kann. Ihm steht die Deutungshoheit zu, der sich die einzelnen Gläubigen und die Weltgemeinschaft unterzuordnen haben. Der Soziologe Ulrich Beck hat entsprechend als ein Merkmal für Fundamentalismus die „totalitäre Gottunmittelbarkeit der eigenen Glaubensgewißheit" genannt (Beck 2008, 214). Der Anspruch auf die Welt-Macht wird direkt aus Gott abgeleitet, wie in klassischen Theokratien, etwa einst durch den Präsidenten Bush in den USA und mit grausamen Zügen bei IS im Umfeld des Irak. Dieser Anspruch wird gegen andere Religionen, Weltanschauungen, Kulturen, Lebensstile und gegen nicht mit ihnen konforme Politik kämpferisch vertreten. Dieser ‚objektive' Anspruch stellt an jeden Einzelnen die Entscheidungsfrage bis hin zu Leben und Tod, was bei moderateren Gruppen mit Vorstellungen und Begriffen der ansonsten bekämpften westlichen Moderne wie Entscheidung, Authentizität, Identität, Unmittelbarkeit aufgeladen wird. Zusammen mit Kritik seitens der Politik, Gesellschaft, Kirchen und anderer Religionen muss aufgeklärte Theologie im Namen der rechtsstaatlichen pluralen Demokratie solche theistisch-theokratischen Aktivitäten zurückweisen mit dem Argument, dass sowohl Religiosität der Innerlichkeit als auch theokratisch-gewalttätige Religiosität letztlich gleichermaßen fundamentalistisch bestimmt sind und deswegen heillos sind für den einzelnen Gläubigen wie für die betreffende Gruppierung bis hin zur Weltgesellschaft (Bonhoeffer 1959, 176-185). Friedrich W. Graf hat diese Tendenz unter der „theokratischen Versuchung" verhandelt (2013, 34-38). In diesem Sinne ist im Blick auf die Entwicklung der Türkei zu einem islamischen Gottes-Staat durch den zum Präsidenten avancierten Erdogan die verniedlichende Bezeichnung „Diktatur der Mehrheit des Diktators" erfunden worden. Sprache hat Fundamentalisierungs- und Aufklärungsvarianten.

(b) Fundamentalismus als Sicherungsreligion

Hat die Neuzeit die Freisetzung des bis dahin in christlicher Kultur und Lebensweise eingebundenen Menschen als seine Einsetzung in Eigenverantwortung gebracht, so sind diesem Befreiungsprozess zugleich seine Negativfolgen einbilanziert: Einerseits droht das Subjekt in der pluralen westlichen Moderne unterzugehen. Diese Gefahr besteht in globaler, gesellschaftlicher, zwischenmenschlicher und individuell-persönlicher Sicht, wobei diese vier Perspektiven schon immer ineinandergreifen, aber doch gewisse Akzentuierungen zulassen. Auf globaler Ebene herrschen Unübersichtlichkeit und Machtlosigkeit, in gesellschaftlicher Sicht dominieren Entsozialisierung bei hoher Individualisierung und Enttraditionalisierung bis zur Orientierungslosigkeit, in den zwischenmenschlichen Beziehungen schreitet Vereinsamung fort trotz Vernetzung und in der individuellen Perspektive treiben der nie erfüllbare Wunsch nach Identität und der damit verbundene Stress zum burn out. Die Kehrseite dieser Ohnmachtserfahrungen sind Allmachtsphantasien des modernen Menschen, der sich in seine Subjektivität selbst einsetzt, und der auf globaler Ebene nach politischer, ökonomischer, religiöser, wissenschaftlich-technologischer, medialer (All-) Macht strebt, um Ohnmacht und Schwäche zu verdrängen. Auf gesellschaftlicher Ebene geht es um nationalistische Einheits- und Erwählungsprojektionen, im Zwischenmenschlichen um die Sicherung der Standby-Existenz und in der individuellen Bedürfnisstruktur um die Erfüllung des „Ich bin Ich".

Angesichts dieser Negativeinschreibungen hilft ein radikaler Perspektivenwechsel zu sinnlichem Wahrnehmen, zum kritischen Austauschen des Wahrgenommenen und zu verantwortlichem Handeln, um Fundamentalisieren im Keim zu ersticken. Wir müssen weiterhin und mit Nachdruck gegen postdemokratische Entmündigungstendenzen seitens der Politik für eine *global-demokratische Politik* eintreten, wie es z.B. im deutschen Grundgesetz verankert ist (Artikel 20): „(2) Alle Staatsgewalt geht vom Volke aus". Solche Politik schließt die soziale Verpflichtung zur gerechten und im Blick auf kommende Generationen und die Schöpfungswelt nachhaltigen Beteiligung aller Menschen ein an Ressourcen, Energie, Einkommen, Wohnung, Gesundheit, Bildung und entsprechend ein alternatives Wachstumskonzept ein. *Gesellschaftlich* geht es um das Eintreten für

Demokratie mit Gewaltenteilung und Friedensarbeit gegen Hegemonialbestrebungen jeglicher Art, gegen Militarismus und Umweltzerstörung, für die Integration und Inklusion aller Menschen und Gruppen im Rahmen des Grundgesetzes. Dazu gehört die Stärkung von Beteiligungs- und Protestbewegungen, von Bürgerinitiativen und NGOs, von sonstwie heterogenen Gruppen, Religionsgemeinschaften und Weltanschauungsvereinigungen als Ausdruck von Pluralität und Mitentscheidungsmöglichkeiten. Im *zwischenmenschlichen Bereich* ist Zivilcourage gefragt im Umgang mit Fundamentalisierern jeglicher Provenienz und Fanatikern aller Art. Ausgrenzender Xenophobie auf den Grund zu gehen, ist eine lebenslange Übung wie das Wahrnehmen der „patriarchalischen Illusion des Stärkekultes" als einer Grundideologie auch unserer Gesellschaft. Dies hat einen elementaren Ort im familialen Zusammenleben, durchzieht aber ebenso alle gesellschaftlichen Lebensbereiche wie Kindergarten, Schule, Beruf, Freizeit, Sport, Religionsausübung u.a.m. *Individuell* gesehen geht es um ein Überschreiten der vorgegebenen Zwänge durch das Wahrnehmen der eigenen Vorurteile, Bedürfnisse und Interessen. Den Anderen so achten, dass er im Anerkanntwerden die Achtung seiner Würde erfahren kann.

Die reformatorischen Kirchen können hier ihrem Selbstverständnis nach in Erinnerung rufen, „dass Freiheit – die Grundlage des pluralen, demokratischen Rechtsstaates – nicht im Menschen selbst ihre letzte Begründung findet: Wenn der Mensch von sich selbst die Begründung für seine eigene Würde und die darin gründende Freiheit verlangt, verkennt er, dass *Würdigung* stets nur von außen gegeben werden kann. Die Botschaft von der Freiheit in und durch Gott löst auch von allen zwanghaften Bemühungen, sich durch eigene Anstrengung, durch sozialen Staus und Erfolg *Anerkennung und Würde* zu erwerben. Würde und Anerkennung können nicht auf solchen eigenen Handlungen beruhen, Denn ihnen liegt auch im alltäglichen Leben *Liebe* zugrunde, die unverfügbar ist. Wo sie erfahren wird, kann sie immer nur ein Geschenk sein" (EKD 2014 (b), 108). Diese Erfahrung verunsichert viele und nährt die Sehnsucht nach eigens Herstellbar-Sicherem.

In einer solchen Situation, wo es um Gewissheit (bei Luther certitudo genannt) und nicht um Sicherheit (securitas genannt) geht, möchte sich das Ich gerade seiner eigenen Sicherheit in allen Lebensbereichen durch ständige Innen- und Außenkontrolle vergewissern. Für die Ausübung von

Religiosität bedeutet dies Glaubensautonomie, Immunisieren, Absichern, um das bedrohliche Fremde in Gestalt von Andersgläubigen unter Kontrolle zu bekommen oder völlig abzuspalten. Dem steht ein anderes Verständnis von christlicher Religiosität gegenüber: Glauben als kontingentes Widerfahrnis des darin uns Menschen entzogenen Gottes, und entsprechend ist Theologisieren als interpretierendes Nach-Denken und kritisches Auseinandersetzen notwendig und möglich. Da Theologie, Bekenntnisse, Gebete, Riten usw. dieses Gottes-Widerfahrnis nie eins zu eins abbilden können, sondern symbolisch, mythologisch, narrativ, gebrochen, unterstellend, inkarnatorisch in Menschensprache sprechen, kann sie den Gefahren des Vereindeutigens und Fundamentalisierens als Selbstinszenierungen des angeblich autonomen Subjektes kritisch begegnen.

> *„So kommt dem Widerfahrnis des Anspruchs des Anderen nicht mehr bloß pejorative Bedeutung zu. Es steht nicht für eine Beschränkung oder Behinderung einer ihrem eigentlichen Sinn nach angeblich möglichst souveränen, virilen Subjektivität, sondern gerade dafür, dass sie – ohne eigenes Zutun – als vom Anderen in Spruch genommene und radikal in Frage gestellte auch ein ethisches Leben zu führen vermag... dass die* Wahrheit menschlicher Erfahrung *vom Anspruch des Anderen her zu begründen ist, wurde ... nicht zwingend bewiesen, allenfalls bezeugt. Gerade indem sie die Bezeugung eines ethischen (sc. religiösen) Sinns menschlicher Subjektivität bemühte, musste sie eingestehen, diesen Sinn streng genommen weder beweisen noch erkennen zu können im Rekurs auf die Einsicht, dass wir als unvermeidlich dem Widerfahrnis ausgesetzte Subjekte unmöglich souverän sein können" (Liebsch 2010, 80).*

(c) Fundamentalismus als Abgrenzungsreligion

Mit Bernhard Waldenfels ist gegen jegliches fundamentalisierendes Ausgrenzen zu sagen: „Es gibt Ordnungen, aber es gibt nicht die eine Ordnung" (Waldenfels 2006, 128). Es gibt nicht den einen Glauben, wohl aber viele Glaubensweisen, Bekenntnisse, Glaubensdeutungen, Theologien. Es gibt Kirchen, Synagogen, Moscheen und sonstige religiöse Gemeinschaften, aber nicht die eine inklusive und damit zugleich exklusive Kirche oder Glaubensgemeinschaft. Wo dem Anderen, dem in der Person des Anderen uns begegnenden Unbestimmbaren, dem schon immer Wirksamen, aber erst im Nachhinein Deutbaren *Glaubens-, Deutungs-* und *Handlungsraum* gelassen wird, da ist die vorfindliche, verfasste Religion über sich selbst hinaus mit einem Überschuss, „der die jeweiligen Sinnvorgaben und

Gesetzlichkeiten übersteigt und von ihnen abweicht" (Waldenfels 2006, 125). Hierin wurzelt Glauben als ein ambivalentes Geschehen, dass Glauben nämlich als ein Befreiungswiderfahrnis im Modus des Antwortens interpretiert werden kann und zugleich als die Geburt eines starren Gottes-, Menschen- und Weltbildes geschehen kann und dadurch die Offenheit des Glaubens pervertiert in seine Gefangenschaft durch eine als exklusiv gültig beanspruchte Wahrheit. Wenn Glauben genau umgekehrt als Entgrenzung in Freiheit geschieht, dann wird er gelebt als „Für-andere-da-sein", wie Dietrich Bonhoeffer Glauben im Blick auf Jesus von Nazareth umschrieben hat (Bonhoeffer 1959, 259-262). Oder soll Glauben als ‚Fundament' durch Abschirmen bestimmt sein gegen alle, die der ‚geretteten' Gruppe ‚im Namen Gottes' nicht gefallen? Entsprechend steht beim theologischen Interpretieren der Zwang zur Selbstbehauptung im Vordergrund durch teilweise aggressive Abgrenzung gegen die ‚böse Welt', gegen die „Achse des Bösen", gegen die Unangepassten. Oder werden ergebnisoffene Dialoge geführt in der Achtung der Lebensstile und der Meinungen der Anderen?

Sortiert wird beim Eintritt in solche Gruppen nach Initiationskriterien durch begutachtende und kontrollierende ‚Väter' (Glaubensväter, Patriarchen). Im Vordergrund stehen dabei Erzählungen von der biografisch eindeutig belegbaren Bekehrung, die gleichzeitig eine Abgrenzungsbewegung ist weg von der ‚bösen' Gesellschaft. Als weitere Belege gelten Auditionen, Visionen, Eingebungen und sonstige Erwählungs- und Präferierungsmerkmale. Umgekehrt werden Abgrenzungen damit begründet und motiviert, dass die betreffende Religion oder Weltanschauung oder Ideologie in der betreffenden Gesellschaft nicht rein und unverfälscht vorkommt, so dass sie gereinigt werden muss, was nur dadurch geschehen kann, dass sich die Anhänger von ihrem bisherigen unreinen Leben verabschieden aus der Gesellschaft zugunsten reiner Lehre und Ritualvollzügen. So einfach, klar und eindeutig wird dann das ursprünglich vielfältige und vieldeutige Christentum in seiner Präsentation, aber leider wird es dabei auch einfältig, starr und bisweilen schädlich für die Gesellschaft.

In theologischer wie philosophischer und politischer Perspektive ist die Frage neu zu bearbeiten, was ‚kritisch' denken heißt? Eine Durchforstung der jeweiligen Bestände ist nützlich und erforderlich, aber nicht hinreichend, wenn sich Politik, Philosophie, Theologie und andere Wissenschaften nicht in dem Sinne überschreiten, dass sie sich nicht nur mit ihren quasi-natürlichen, selbstverständlichen Gegebenheiten wie Gott, Demokratie, Macht, Gerechtigkeit, Menschenrechte befassen, sondern um deren praktische wie theoretische Weiterführung durch Dekonstruieren. Sonst bleibt man in einem pragmatischen Traditions- und Historisierungsfundamentalisieren stecken, das sich an einem nicht (mehr) vorhandenen ‚roten Faden' entlang zu hangeln sucht.

„Paradoxerweise kann nur die Sprache bestehen, die der Hinfälligkeit des Lebens entspricht, damit dem Vergehen *von* Bedeutungen *und dem* Entstehen *von Bedeutungen entspricht. Wer sich auf diesen Verfalls- und Aufbauprozeß einläßt, sich hineingibt, sich ihm hingibt, muß sich nicht ständig gegen den Fall absichern... Inthronisierung ist der Versuch, der Vorläufigkeit der Bedeutung, ihrer Uneindeutigkeit, ihrer Ambivalenz zu entgehen. Meine Bedeutung gilt; sie ist sozusagen König; ich bin König. Aber auf dem Boden des Lebens sind alle Bedeutungen und Inhalt schwankend. Auf dem Thron der Eindeutigkeit und Fraglosigkeit wird angebetet, war nur imaginär dauerhaften Bestand hat. Schwanken ist antifundamentalistische ‚Haltung', weil wir die Zukunft nicht kennen (nicht Bescheid wissen) können und die Gegenwart nicht in vergangenen Erfahrungen verfestigen dürfen. Das fundamentalistische Denken, das kontingent-zeitlich-historische Gegebenheiten (Phänomene) mit dem ‚Ewigen Sein oder Wesen' verbindet, bewegt sich ‚zwischen zwei Extremen: absolute Verzweiflung einerseits und absoluter Glaube andererseits' (A.Heller: Politik nach dem Tod Gottes, 1995, 78f.). Politisch kennzeichnet diese Absolutheit das totalitäre Regime"* (Zilleßen, Gerber, 1997, 18f.).

XIII. Eine theologische Nachlese

Christen und Christinnen können heute in demokratischen Gesellschaften ihren Glauben leben, bekennen und reflektieren, ohne dass sie den traditionellen Bezug auf eine metaphysisch-theistische, jenseitige Heilswelt mit vollziehen müssten. Nimmt man den biblischen Mythos ernst, dass Gott Mensch geworden sei, dass Gott als Kraft in menschliche Beziehungen eingegangen sei, ohne als physische Kraft greifbar zu werden (Heyward 1986, 43ff., 73ff.), dass Gott sich als Widerfahrnisdynamik unseres Lebens und Zusammenlebens ereigne (Ohly 2013 (a), 15ff.), dann werden Vereindeutigen und Fundamentalisieren von vornherein obsolet (Barth 2013, 140ff., 224ff.; Gerber 2013, 23ff.). In dieser Absicht stärkt der Freiburger Philosoph Rainer Marten die christliche Theologie, wenn er Interesse an „Religion als Lebensmacht" weckt, um Religion „zu der Aufklärung über sich selbst zu verhelfen, die sie den Fundamentalismus meiden läßt, dies aber ohne jeden Verlust an Substanz. Eine erhellende und anregende Aufklärung ist gefragt, keine entzaubernde und zerstörende. Sollen jüdische, christliche und muslimische Religion bei aller Divergenz jeweils eine Lebensmacht zum Guten sein können, dann müssen sich in jeder Wege entdecken lassen, die sie zur Einsicht führen, daß ein absoluter Wahrheitsanspruch für den gelebten Glauben nicht nötig ist, ja, bei erhellender Aufklärung, sich als theologischer Fehlgriff erweist. ‚Wer nicht mit mir ist, ist gegen mich' ... ist ein allen missionarischen Religionen inhärierendes Mißverständnis von Religion. ...Wer Religionen zu ihren Gunsten die Vertretung eines Absoluten mit universeller Befehlsgewalt abspricht, redet nicht dem Relativismus das Wort, nicht einmal der Toleranz. Wird etwas als belebende Lebensmacht erkannt, dann ist in ihm nichts zu Duldendes, sondern vielmehr etwas zu Begrüßendes zu sehen" (Marten 2012, 166f.). Auch der religiöse Fundamentalist könnte dieser These insofern zustimmen, als er ein begrüßenswertes Heils- und Verdammungsprojekt von Gott aufgetragen bekommen hat, dessen exklusive Wahrheit feststeht und nicht diskutierbar ist und dessen Durchführung nach unverrückbar vorgegebenen Regeln mitzugestalten ist. Zwischen einer fundamentalisierenden Einstellung und einer offenen Lebensgestaltung klafft ein Graben wie zwischen Sicherheit und Gewissheit, Besitz und Geschenk, absolutem Wissen und Vertrauen. Der Fundamentalist weiss Gott oder seine Ideologie für sich, indem er dessen Heilstatsachen für wahr hält bzw. die Ideologie ohne Wenn und Aber akzeptiert und umsetzt (Stolz, Merten 1991, 16f.). Der wahrnehmend-schwankende Gläubige mit seinem Zweifeln lebt zugleich im Hoffen und Vertrauen und erhält durch Barmherzigkeit und Liebe von Anderen seine Gewissheit. Zu dieser offenen Gestaltung des Glaubenslebens gehören Mut, Phantasie und ein gewagter Umgang mit Angst, Zweifel und Scheitern, die unserem Menschsein schon immer eingeschrieben sind.

Religion muss sich ständig über sich selbst aufklären, so auch das Christentum in seinen vielfältigen Ausprägungen. Sonst schlägt christliche monotheistische Religion um in Fundamentalismus (Angenendt 2014, 88f.) oder sie verpufft umgekehrt in einer schleichenden Entsubstantialisierung im Zuge des „Erlöschens des Erlösungswillens, der Zweifel am Heil und des Erkaltens der Erlösungsbedürftigkeit" (Gross 2007, 10). Und christliche Theologie erstarrt zu Dogmengeschichte und -tradierung. Religion, vorab in den christlichen Großkirchen, muss sich permanent über ihre paradoxe Befindlichkeit als zuvorkommendes Widerfahrnis von Leben als Freiheit und Zwang des Antwortens und zugleich als darauf antwortende Institution oder Gruppierung aufklären und entsprechend transformieren und organisieren. Ihre showbetonte Repräsentation und Selbstinszenierung vor allem in Gestalt des römisch-katholischen Papsttums, das manches folgsame Herz höher schlagen und bisweilen den Kopf vergessen lässt, täuscht nicht darüber hinweg, dass die ‚Substanz' an herkömmlichem Christlichem mit schwindender jenseitsorientierter Erlösungssehnsucht schrumpft und ‚dünner' wird: „Nicht mehr erlöst werden will er (sc. der moderne Mensch) vom Leben, sondern dieses erleben" (Gross 2006, 137). Wäre dies dann so etwas wie die Identitätsfindung des gespaltenen Menschen, so etwas wie ein Suizid im Mit-sich-selbst-identisch-Werden im irdischen Heil statt in die Jenseitserlösung, also so etwas wie Diesseits-Erlösungs-Fundamentalismus?

Fundamentalismus ist dann religiös wie politisch nicht fern, wenn man sich an das unhistorische Postulat eines universell gültigen christlichen

Menschenbildes und christlicher Werte als absolut gültiger Normen klammert. Man hält an der Idee einer christlichen Identität fest, als ob wir nicht rein physiologisch, humanbiologisch gesehen nie identisch sein können. Mit Identität ist ein Denkkonstrukt gemeint, um unserem Leben einen Sinn, einen ‚roten Faden' zu unterlegen und es überschaubar und planbar zu machen im Wissen um die Kontingenz unseres Lebens und Zusammenlebens. Kollektive Identität einer Religions- oder Weltanschauungsgemeinschaft, eines Volkes, einer Nation, eines Vereins, eines Bundes oder einer Schulklasse im Sinne des ‚Klassengeistes' meint, dass bestimmte elementare Lebensäußerungen wie etwa Bekenntnis und Kult, Sprache, Bräuche, Erlebnisse und Erinnerungen als gemeinsame Eigenschaften oder Programme imaginiert, abstrahiert, theoretisiert werden. Leben ‚als solches' ist identitätslos. Menschliches Leben und Zusammenleben ereignen sich paradox, indem unser Leib und die Anderen (und die Schöpfungswelt) uns schon immer vorgegeben und entzogen sind und wir unsererseits darauf antwortend unser leibliches Leben und Zusammenleben in eigener Verantwortung gestalten müssen und können. Die traditionelle Vorstellung einer direkten, unmittelbaren Beziehung zur Person Gottes, die in unserer jüdisch und griechisch-metaphysisch geprägten Denk-Tradition verankert ist und religiöse wie theokratisch-politische Deduktionen beansprucht hat und bisweilen noch beansprucht, bricht sich an unseren realen Beziehungen und Selbstbeziehungen, an der „Erfahrung vom Ende einer objektiven, allgemeinen oder auch subjektiven, privaten, jedenfalls aber unmittelbaren Gewißheit" (Sölle 1965, 12). Diese Vorstellungen von christlicher Identität und unmittelbarer Gottes-Beziehung und weitere traditionelle Grundanschauungen wie die göttliche Trinität, die Auferstehung Jesu, die Realgegenwart Gottes in der Hostie weisen hin auf Überzeugungen von einstmals als objektiv geltenden Wahrheiten und gültigen Normen, die aber der Kritik entzogen wurden, und auf heilsgeschichtliche Tatsachen, die zu glauben waren — mit zum Teil grausamen Folgen nicht nur für Hexen, querliegende Gelehrte, Reformatoren und Kritiker, für Juden, Muslime und Heiden (Angenendt 2014, 233ff., 263ff., 295ff., 378ff., 486ff.).

Es liegt also für das Christentum an seinem eigenen nach-theistischen Verständnis von Glauben, Lieben und Hoffen, um Fundamentalisieren und Vereindeutigen zu vermeiden. Wenn Glauben zum Besitz Erlöster, wenn Lieben zu einer Selbstbelohnung und wenn Hoffen zum bewährenden

Warten auf das ‚gute Ende' im Warteraum der ‚bösen Welt' wird, dann verkommt das Christentum zu einer sich selbst ermächtigenden und sich immunisierenden religiösen Ideologie, also zu einer Form des modernen Fundamentalismus.

Freilich gibt es *den* religiösen, politischen, kulturellen, ökonomischen Fundamentalismus nicht, so wenig wie es *die* Demokratie gibt. So wie das gemeinsame Gestalten von Demokratie, so lässt sich Fundamentalismus verstehen als der *Prozess* des Fundamentalisierens, indem jemand aus seinen kontingenten Beziehungen, aus der Geschichte, aus seiner Fragilität und sogar aus seiner Sterblichkeit herauszuspringen versucht um einer absoluten Wahrheit willen. Fundamentalisieren lässt sich als das Verhalten analysieren und als die Einstellung und den Lebensstil beschreiben, der zuerst und meistens allein der Rettung der eigenen Person dient. Jeder kennt an sich selbst in seinen Beziehungen fundamentalisierende Tendenzen – oder er verdrängt sie fundamentalistisch. Diese gehören zum Menschsein in seiner individuellen Gestalt als Verabsolutierungen der eigenen Person und Meinung und in kollektiven Gestalten als Verabsolutierungen einer Gruppe, und beides im Namen einer Religion, einer ‚höheren Gewalt' in Gestalt einer Person oder einer absolute Gültigkeit und Universalität beanspruchenden Ideologie. Das Problem liegt im Umgang mit eigenen und Fundamentalismen anderer Menschen, indem man Demokratie gleichsam als Gegenlebensstil hierzu ein- und ausübt. Von Fundamentalismus kann man also nicht sprechen, wenn es um Selbsterhaltung, um das entschiedene Vertreten der eigenen Meinung geht, sondern erst in dem oft schwer auszumachenden Augenblick, wenn die betreffende Person oder Gruppierung dasselbe von (allen) anderen Menschen verlangt. Diese Gratwanderung verlangt offene Sinne und ein sensibles Gespür für Andere, anderes und ebenso für sich selbst.

In Prozessen nach-theistischer Selbstaufklärung müssen die Religionen – und das ist ein Spezifikum dessen, was Religion genannt werden kann – „von innen her begreifen, dass ihre Lehren und Riten nur Medien für das darstellen, was ihnen als die Wahrheit schlechthin gilt" (Barth 2013, 233). So geschieht ein elementarer *Perspektivenwechsel* weg von einem sich immer noch mehrheitlich theistisch fixierenden, sich selbst religiös aufladenden Christentum mit einem bewusstseinsfocussierten Glaubenssubjekt hin zu einem sinnlich wahrnehmenden nach-theistischen Christentum, etwa im Sinne von Dietrich Bonhoeffer und der feministischen Befreiungstheologin Dorothee Sölle (Gerber 2013, 145). Der Ansatz liegt dann nicht mehr in einer Jenseitswelt oder in unumstößlichen Heilsfakten im Diesseits des Jenseits, sondern in den Begegnungen von Menschen, die sich explizit und kritisch auf den Lebensentwurf Jesu von Nazareth berufen (Ohly 2013, 28ff.; von Wedel 1990, 139-142). „Mit dem Ende einer theistisch, ontologisch bestimmten Metaphysik fällt uns westlich Geprägten die Aufgabe zu, unseren Umgang mit Welt, Mensch und Gott nachtheistisch, atheistisch zu praktizieren und zu interpretieren. Damit werden zugleich mit religiösen Verabsolutierungen jegliche nationalistischen, rassistischen, naturalistischen, ökonomistischen und sonst wie ausgrenzenden Absolutismen entlarvt und ihnen ein Riegel vorgeschoben" (Gerber 2013, 144f.).

XIV. Literatur

Zusammen mit Lexika-Artikeln zu Fundamentalismus, Erweckungs- und Evangelikaler Bewegung, Freikirchen, Pietismus u.a. und Materialien dieser Bewegungen bzw. Gruppierungen einschließlich Internet (und eigenen Erfahrungen) wurde folgende Literatur verwendet:

Abdel-Samad, Hamed: Der islamische Faschismus. Eine Analyse. München 2014.

Abdel-Samad, Hamed: ‚Herren über Leben und Tod'. Warum ist Isis so erfolgreich? Ein Gespräch mit dem ehemaligen Muslimbruder Hamde Abdel-Samad, in: DIE ZEIT 28 (3. Juli 2014), 52.

Agamben, Giorgio: Homo sacer. Die souveräne Macht und das nackte Leben. Berlin 2002.

Ahlstrom, S.E.: Fundamentalismus, in: Die Religion in Geschichte und Gegenwart. 3.Aufl. Zweiter Band. Tübingen 1958, 1178f.

Altmann, Andreas: Verdammtes Land. Eine Reise durch Palästina. München 2014.

Anderson, Allan: An Introduction to Pentecostalism. Cambridge 2004.

Angenendt, Arnold: Geschichte der Religiosität im Mittelalter. Darmstadt 1997.

Angenendt, Arnold: Toleranz und Gewalt. Das Christentum zwischen Bibel und Schwert. 5.Aufl. Münster 2009.

Anhelm, Fritz Erich (Hrsg.): Vernünftiger Glaube zwischen Fundamentalismus und Säkularismus. Protestanten in der globalisierten Welt. Loccum Protokolle 34/08. Loccum 2008.

Assmann, Jan: Die Mosaische Unterscheidung oder Der Preis des Monotheismus. München 2003.

Assmann, Jan: Monotheismus und Gewalt. Eine Auseinandersetzung mit Rolf Schieders Kritik an „Moses der Ägypter" (München 1998), in: Schieder, Rolf (Hrsg.): Die Gewalt des einen Gottes, 2014, a.a.O., 36-55.

Assmann, Jan: Monotheismus der Treue. Korrekturen am Konzept der „mosaischen Unterscheidung" im Hinblick auf die Beiträge von Marcia Pally und Micha Brumlik, in: Schieder, Rolf (Hrsg.): Die Gewalt des einen Gottes, 2014 (a), a.a.O., 249-266.

Badiou, Alain: Paulus. Die Begründung des Universalismus. München 2002.

Barr, James: Fundamentalismus, in: Evangelisches Kirchenlexikon. Erster Band. 3. Aufl. Göttingen 1986, 1404-1406.

Barth, Hans-Martin: Konfessionslos glücklich. Auf dem Weg zu einem religionstranszendenten Christsein. Gütersloh 2013.

Bartmann, Christoph: Leben im Büro. Die schöne neue Welt der Angestellten. München 2012.

Bauman, Zygmunt: Moderne und Ambivalenz. Das Ende der Eindeutigkeit. Hamburg 2005.

Beck, Ulrich: Der eigene Gott. Von der Friedensfähigkeit und dem Gewaltpotential der Religionen. Frankfurt/M, Leipzig 2008.

Beck, Ulrich; Beck-Gernsheim, Elisabeth: Das ganz normale Chaos der Liebe. Frankfurt/ M. 1990.

Berger, Jens: Wem gehört Deutschland? Frankfurt/ M. 2014.

Blumenberg, Hans: Die Legitimität der Neuzeit. Frankfurt/ M. 1966.

Bockmühl, Klaus: Evangelikale Sozialethik. Gießen, Basel 1975.

Böhme, Hartmut: Fetischismus und Kultur. Eine andere Theorie der Moderne. Reinbek 2006.

Brague, Remi: Die Weisheit der Welt. Kosmos und Welterfahrung im westlichen Denken. München 2006.

Bröckling, Ulrich: Das unternehmerische Selbst. Soziologie einer Subjektivierungsform. Frankfurt/M. 2007.

Clayton, John: Gottesbeweise, in Theologische Realenzyklopädie. Band XIII. Berlin, New York 1984, 724-784.

Dausend, Peter: Über Arbeitgeberwechsel, in: ZEIT-Magazin Nr. 21 (16. Mai 2013), 13.

Dell'Agli, Daniele: Die Matrix und ihre Feinde. Über Paranoia, Patriarchat und die implizite Gewalt des Monotheismus, in: Schieder, Rolf (Hrsg.): Die Gewalt des einen Gottes, 2014, a.a.O., 267-300.

Derrida, Jacques: Die unbedingte Universität. Frankfurt/ M. 2001.

Dungs, Susanne: Anerkennen des Anderen im Zeitalter der Mediatisierung. Hamburg 2006.

Dworkin, Ronald: Religion ohne Gott. Berlin 2014.

Engel, Ulrich: Entzug der Göttlichkeit als christliches Dispositiv. Eine Relecture von Jean-Luc Nancys Dekonstruktion des Christentums, in: Dienberg, Thomas; Eggensperger, Thomas: Engel, Ulrich (Hrsg.): Säkulare Frömmigkeit. Münster 2013, 87-103.

Engelmann, Peter (Hrsg.): Postmoderne und Dekonstruktion. Texte französische Philosophen der Gegenwart. Reclam Universal-Bibliothek Nr. 8668. Stuttgart 1990, 5-32.

Ehrenberg, Alain: Das Unbehagen in der Gesellschaft. Berlin 2011.

Evangelische Kirche in Deutschland (EKD): Engagement und Indifferenz. Kirchenmitgliedschaft als soziale Praxis. Hannover 2014 (a).

Evangelische Kirche in Deutschland (EKD): Rechtfertigung und Freiheit. 500 Jahre Reformation 2017. Hannover 2014 (b).

Faulstich, Werner; Grimm, Gunter E.: Sturz der Götter? Vaterbild im 20. Jahrhundert. Frankfurt/ M. 1989.

Fried, Johannes: Aufstieg aus dem Untergang. Apokalyptisches Denken und die Entstehung der modernen Naturwissenschaft im Mittelalter. München 2001.

Freud, Sigmund: Zwangshandlungen und Religionsübungen (1907), in: Studienausgabe Band VII. Frankfurt/ M. 1973, 13-21.

Freud, Sigmund: Die Zukunft einer Illusion (1927), in: Studienausgabe Band IX. Frankfurt/ M. 1974,135-189.

Freud, Sigmund: Totem und Tabu (1912/ 1913), in: Studienausgabe Band IX. Frankfurt/ M. 1974, 287-444.

Freud, Sigmund: Der Mann Moses und die monotheistische Religion. Drei Abhandlungen (1934-1938), in: Studienausgabe Band IX. Frankfurt/ M. 1974, 455-581.

Frieling, Reinhard (Hg.): Die Kirche und ihre Konservativen. ‚Traditionalismus' und Evangelikalismus' in den Konfessionen. Göttingen 1984.

Fromm, Erich: Haben oder Sein. Sie seelischen Grundlagen einer neuen Gesellschaft. München 1979.

Gamm, Gerhard: Perspektiven nachmetaphysischen Denkens, in: Kern, Andrea; Menke, Christoph (Hrsg.): Philosophie der Dekonstruktion. Zum Verhältnis von Normativität und Parxis. Frankfurt/ M. 2002, 103-124.

Geldbach, Erich: Evangelikale Bewegung, in: Evangelisches Kirchenlexikon. Erster Band. 3.Aufl. Göttingen 1986, 1186-1191.

Geldbach, Erich: Freikirche, in: Evangelisches Kirchenlexikon. Erster Band. 3.Aufl. Göttingen 1986, 1359-1362.

Geldbach, Erich: Evangelikale Bewegung, in: Baer, Harald (Hg.): Lexikon neureligiöser Gruppen, Szenen und Weltanschauungen. Orientierung im religiösen Pluralismus. Freiburg i.B. 2005, 338-344.

Gerber, Uwe (Hrsg.): Auf die Differenz kommt es an. Interreligiöser Dialog mit Muslimen. Leipzig 2006.

Gerber, Uwe: Wie überlebt das Christentum? Religiöse Erfahrungen und Deutungen im 21. Jahrhundert: Erlösung – Versöhnung – Erleichterung – Vereindeutigung – Alterität. Zürich 2008, 153-189: Fundamentalistische Religion(en).

Gerber, Uwe: Und Gott entthront Könige. Eine Paraphrase der beiden Königsbücher, in: Dressler, Bernhard; Schroeter-Wittke, Harald (Hrsg.): Religionspädagogischer Kommentar zur Bibel. Leipzig 2012.

Gerber, Uwe: Gottlos von Gott reden. Gedanken für ein menschliches Christentum. Frankfurt/ M. 2013.

Girard, Rene: Das Ende der Gewalt. Analyse des Menschheitsverhängnisses. Freiburg 1983.

Graf, Friedrich Wilhelm: Götter global. Wie die Welt zum Supermarkt der Religionen wird. München 2014.

Graß, Hans: Heilstatsachen, in: Die Religion in Geschichte und Gegenwart (RGG). Dritter Band. 3.Aufl. Tübingen 1959, 193f.

Greenwald, Glenn: Die globale Überwachung. München 2014.

Grözinger, Albrecht: Wunder: Praktisch-theologisch, in: Evangelisches Kirchenlexikon. Vierter Band. 3. Aufl., Göttingen 1986, 1339-1342.

Gronemeyer, Reimer: Ohne Seele, ohne Liebe, ohne Hass. Düsseldorf 1992.

Gross, Peter: Die Multioptionsgesellschaft. Frankfurt/ M. 1994.

Gross, Peter: Ich-Jagd. Im Unabhängigkeitsjahrhundert. Frankfurt/ M. 1999.

Gross, Peter: Die Entsubstanzialisierung des Christentums und der Interreligiöse Dialog, in: Gerber, Uwe (Hrsg.): Auf die Differenz kommt es an – Interreligiöser Dialog mit Muslimen. Leipzig 2006, 137-146.

Gross, Peter: Jenseits der Erlösung. Die Wiederkehr der Religion und die Zukunft des Christentums. Bielefeld 2007.

Großbölting, Thomas: Der verlorene Himmel. Glaube in Deutschland seit 1945. Göttingen 2013.

Häring, Hermann: Versuchung Fundamentalismus. Gütersloh 2013.

Hahn, Udo; Tworuschka, Udo (Hrsg.): Hoffnung hat einen Grund. Persönlichkeiten des Jahrhunderts. Zürich, Düsseldorf 1999.

Hebblethwaite, Brian: Sozialethik, in: Theologische Realenzyklopädie. Band XXXI. Berlin, New York 2000, 497-527.

Hempelmann, Reinhard: Evangelikale. Evangelische Zentralstelle für Weltanschauungsfragen. Berlin 2013 (a).

Hempelmann, Reinhard: Was ist eine Sekte? Evangelische Zentralstelle für Weltanschauungsfragen. Berlin 2013 (b).

Heyward, Carter: Und sie rührte sein Kleid an. Eine feministische Theologie der Beziehung. Mit einer Einleitung von Dorothee Sölle. Stuttgart 1986.

Hofstetter, Yvonne: Sie wissen alles. Wie intelligente Maschinen in unser Leben eindringen und warum wir für unsere Freiheit kämpfen müssen. München 2014.

Honneth, Axel: Das Recht der Freiheit. Berlin 2011.

Hutten, Kurt: Seher – Grübler – Enthusiasten. Das Buch der traditionellen Sekten und religiösen Sonderbewegungen. 12. Aufl. Stuttgart 1982.

Illouz, Eva: Gefühle in Zeiten des Kapitalismus. Frankfurt/M. 2006.

Joas, Hans: Braucht der Mensch Religion? Über Erfahrungen der Selbsttranszendenz. Freiburg, Basel, Wien 2004.

Joas, Hans; Wiegandt, Klaus (Hrsg.): Säkularisierung und die Weltreligionen. Frankfurt/ M. 2007.

Joest, Wilfried: Fundamentalismus, in: Theologische Realenzyklopädie. Bd. XI. Berlin, New York 1983, 732-738.

Jörns, Klaus-Peter: Notwendige Abschiede. Auf dem Weg zu einem glaubwürdigen Christentum. 3.Aufl. Gütersloh 2006 (2003).

Jungclaussen, John F.: Ein Pfund für Europa!, in: DIE ZEIT 26 (18. Juni 2014), 22.

Kemper, Peter; Mentzer, Alf; Sonnenschein, Ulrich (Hrsg.): Wozu Gott? Religion zwischen Fundamentalismus und Fortschritt. Frankfurt/M, Leipzig 2009.

Lambrecht, Oda; Baars, Christian: Mission Gottesreich. Fundamentalistische Christen in Deutschland. Berlin 2009.

Lempp, Reinhart: Die autistische Gesellschaft. München 1996.

Liebsch, Burkhard: Das ausgesetzte Subjekt – Widerfahrnis versus praktische Souveränität, in: Marx, Bernhard (Hrsg.): Widerfahrnis und Erkenntnis. Leipzig 2010, 57-80.

Lipner, Julius J.: Theologie der Religionen, in: Theologische Realenzyklopädie. Band XXXIII. Berlin, New York 2002, 317-323.

Maaz, Hans-Joachim: Die narzisstische Gesellschaft. Ein Psychogramm. München 2012.

Maclure, Jocelyn; Taylor, Charles: Laizität und Gewissensfreiheit. Berlin 2011.

Marten, Rainer: Radikalität des Geistes. Heidegger – Paulus – Proust. Freiburg, München 2012.

Marx, Bernhard (Hrsg.): Widerfahrnis und Erkenntnis. Zur Wahrheit menschlicher Erfahrung. Leipzig 2010.

Mazower, Mark: Der dunkle Kontinent – Europa und der Totalitarismus, in: Joas, Hans; Wiegandt, Klaus (Hrsg.): Die kulturellen Werte Europas. Frankfurt/ M. 2005, 367-385.

Meyer, Thomas: Fundamentalismus. Aufstand gegen die Moderne. Reinbek 1989.

Meyer-Drawe, Käte: Illusionen von Autonomie. Diesseits von Ohnmacht und Allmacht des Ich. München 1990.

Müller, Gerhard L.: Katholische Dogmatik. Für Studium und Praxis der Theologie. 7. Aufl. Freiburg i.B. 2007.

Muschg, Adolf: "Dulden heißt beleidigen", in: Schultheiß, Wolfgang (Hrsg.): Zukunft der Religionen. Frankfurt/ M. 2003, 63-75.

Nancy, Jean-Luc: Entzug der Göttlichkeit. Zur Dekonstruktion und Selbstüberschreitung des Christentums, in: Lettre Nr. 59, 2002, 76-80.

Neiman, Susan: Das Böse denken. Frankfurt/M 2006.

Nipperdey, Thomas: Religion im Umbruch: Deutschland 1870-1918. München 1988.

Nussbaum, Martha: Die neue religiöse Intoleranz. Ein Ausweg aus der Politik der Angst. Darmstadt 2014.

Oeldemann, Johannes (Hrsg.): Konfessionskunde. Handbuch der Ökumene und Konfessionskunde. Band 1. Paderborn 2014.

Ohly, Lukas: Was Jesus mit uns verbindet. Eine Christologie. Leipzig 2013 (a).

Ohly, Lukas: Gestörter Frieden mit den Religionen. Vorlesungen über Toleranz. Frankfurt/ M. 2013 (b).

Pico della Mirandola, Giovanni (1485/ 1486): Rede über die Würde des Menschen. Oratio de hominis dignitate. Stuttgart 1997.

Reik, Theodor: Der eigene und der fremde Gott. Frankfurt 1972 (1923).

Richter, Horst-Eberhard: Der Gotteskomplex. Die Geburt und die Krise des Glaubens an die Allmacht des Menschen. Gießen 2005 (1979).

Richter, Horst-Eberhard: Die Krise der Männlichkeit in der unerwachsenen Gesellschaft. Gießen 2006.

Robra, Martin: Pfingstlerisches Charisma und verfasster Glaube. Globale Trends und ihre Bedeutung für die Ökumene, in: Anhelm, Fritz Erich (Hrsg.): Vernünftiger Glaube zwischen Fundamentalismus und Säkularismus, 2008, a.a.O., 7-18.

Rosa, Hartmut: Weltbeziehungen im Zeitalter der Beschleunigung. Berlin 2012.

Rosenau, Hartmut: Theodizee, in: Theologische Realenzyklopädie Band XXXIII. Berlin, New York 2002, 222-229.

Rothgangel, Martin: Gott gegen Darwin? Schöpfungsglaube zwischen Szientismus und Kreationismus, in: Anhelm, Fritz Erich (Hrsg.): Vernünftiger Glaube zwischen Fundamentalismus und Säkularismus, 2008, a.a.O., 43-56.

Schäfer, Heinrich: Fundamentalismen in religiösem und säkularem Gewand. Der Kampf um Deutungshoheit in einer globalen politischen Kultur, in: Anhelm Fritz Erich: Vernünftiger Glaube zwischen Fundamentalismus und Säkularismus, 2008, a.a.O., 19-42.

Schieder, Rolf (Hrsg.): Die Gewalt des einen Gottes. Die Monotheismus-Debatte zwischen Jan Assmann, Micha Brumlik, Rolf Schieder, Peter Sloterdijk und anderen. Berlin 2014.

Schilling, Heinz: Die neue Zeit. Vom Christenheitseuropa zum Europa der Staaten, 1250-1750. Berlin 1999.

Schilling, Heinz: Martin Luther. Rebell in einer Zeit des Umbruchs. Eine Biographie. 2. Aufl. München 2013.

Schnädelbach, Herbert: Religion in der modernen Welt. Vorträge. Abhandlungen. Streitschriften. Frankfurt/ M. 2009.

Schramm, Gottfried: Fünf Wegscheiden der Weltgeschichte. Ein Vergleich. Göttingen 2004.

Seidensticker, Tilman: Islamismus. Geschichte, Vordenker, Organisationen. München 2014.

Simm, Hans-Joachim (Hrsg.): Die Religionen der Welt. Ein Almanach zur Eröffnung des Verlags der Weltreligionen. Frankfurt/ M., Leipzig 2007.

Sloterdijk, Peter: Gottes Eifer. Vom Kampf der drei Monotheismen. Frankfurt/ M., Leipzig 2007.

Sloterdijk, Peter: Im Schatten des Sinai. Fußnote über Ursprünge und Wandlungen totaler Mitgliedschaft. Berlin 2013.

Sloterdijk, Peter: Im Schatten des Sinai. Fußnote über Ursprünge und Wandlungen totaler Mitgliedschaft, in: Schieder, Rolf (Hrsg.): Die Gewalt des einen Gottes, a.a.O., 124-149 (2014 a).

Sloterdijk, Peter: Die schrecklichen Kinder der Neuzeit. Über das antigenealogische Experiment der Moderne. Berlin 2014 (2014 b).

Sölle, Dorothee: Atheistisch an Gott glauben. Beiträge zur Theologie. München 1994.

Sölle, Dorothee: Stellvertretung. Ein Kapitel Theologie nach dem „Tode Gottes". Stuttgart, Berlin 1965.

Sölle, Dorothee: Gott denken. Einführung in die Theologie. Stuttgart 1990.

Sölle, Dorothee: Atheistisch an Gott glauben. Beiträge zur Theologie. München 1944.

Stossel, Scott: Angst. Wie sie die Seele lähmt und wie man sich befreien kann. München 2014.

Stolz, Fritz; Merten, Victor (Hrsg.): Zukunftsperspektiven des Fundamentalismus. Freiburg (CH) 1991.

Stolz, Jörg; Favre, Olivier; Gachet, Caroline; Buchard, Emmanuelle: Phänomen Freikirchen. Im Innern eines kompetitiven Milieus. Zürich 2014.

Strube, Angelika: Rechtsextremen Tendenzen begegnen. Handreichung für Gemeindearbeit und kirchliche Erwachsenenbildung. Freiburg i.B. 2013.

Strube, Sonja Angelika: Rechtsextremismus als Forschungsthema der Theologie?, in: Theologische Revue 110 (2014), Nr. 3, 2-8.

Taureck, Bernhard H.F.: Wie man Orwell überbietet. Die NSA als Herrschaftsreligion. SWR2 AULA vom 3. August 2014 (a).

Taureck, Bernhard H.F.: Überwachungsdemokratie. Die NSA als Religion. München 2014 (b).

Taylor, Charles: Für eine grundlegende Neubestimmung des Säkularismus, in: Mendieta, E.; Van Antwerpen, J. (Hrsg.): Religion und Öffentlichkeit. Berlin 2012, 53-88.

Theweleit, Klaus: Männerphantasien. 1. Frauen, Fluten, Körper, Geschichte. Reinbek 1980.

Thonhauser, Johannes: Das Unbehagen am Monotheismus. Umriss und Analyse der Debatte um Jan Assmanns Thesen zur „Mosaischen Unterscheidung". Marburg 2008.

Tillich, Paul: Rechtfertigung und Zweifel, in: Vorträge der theologischen Konferenz zu Gießen. 39. Folge. Gießen 1924, 19-32.

Tillich, Paul: Systematische Theologie. Band III: Das Leben und der Geist. Die Geschichte und das Reich Gottes. Stuttgart 1966.

Türcke, Christoph: Kassensturz. Zur Lage der Theologie. Frankfurt/M. 1992, 11-26.

Türcke, Christoph: Fundamentalismus – Maskierter Nihilismus. Springe 2003.

Türcke, Christoph: Der Markt hat's gegeben, der Markt hat's genommen, in: Literaturen 12/ II, 2005, 6-11.

VELKD (Vereinigung Ev.-Luth. Kirchen in Deutschland) (Hrsg.): Handbuch Religiöse Gemeinschaften. Freikirchen, Sondergemeinschaften, Sekten, Weltanschauungsgemeinschaften, Neureligionen. 6. Aufl. Gütersloh 2006.

Von Wedel, Ezzelino: Als Jesus sich Gott ausdachte. Die unerwiderte Liebe zum Vater. Stuttgart 1990.

Waldenfels, Bernhard: Antwort auf das Fremde. Grundzüge einer responsiven Phänomenologie, in: Bernhard Waldenfesl; Iris Därmann (Hrsg.): Der Anspruch des Anderen: Perspektiven phänomenologischer Ethik. München 1998.

Weltecke, Dorothea: Müssen monotheistische Religionen intolerant sein?, in: Schieder, Rolf (Hrsg.): Die Gewalt des einen Gottes, 2014, a.a.O., 301-323.

Wenzel, Catherina: Jan Assmann: Kulturelles Gedächtnis und monotheistische Religion, in: Volker Drehsen, Wilhelm Gräb, Birgit Weyel (Hrsg.): Kompendium Religionstheorie. Göttingen 2005, 339-349.

Wiggermann, Karl-Friedrich: Spiritualität, in: Theologische Realenzyklopädie. Band XXXI. Berlin, New York 2000, 708-717.

Wimmer, Michael: Dekonstruktion und Erziehung. Studien zum Paradoxieproblem in der Pädagogik. Bielefeld 2006.

Theologisch-Philosophische Beiträge zu Gegenwartsfragen

Herausgegeben von Susanne Dungs, Uwe Gerber,
Lukas Ohly und Andreas Wagner

Band 1   Walter Bechinger / Uwe Gerber / Peter Höhmann (Hrsg.): Stadtkultur leben. 1997.

Band 2   Elisabeth Hartlieb: Natur als Schöpfung. Studien zum Verhältnis von Naturbegriff und Schöpfungsverständis bei Günter Altner, Sigurd M. Daecke, Hermann Dembowski und Christian Link. 1996.

Band 3   Uwe Gerber (Hrsg.): Religiosität in der Postmoderne. 1998.

Band 4   Georg Hofmeister: Ethikrelevantes Natur- und Schöpfungsverständnis. Umweltpolitische Herausforderungen. Naturwissenschaftlich-philosophische Grundlagen. Schöpfungstheologische Perspektiven. Fallbeispiel: Grüne Gentechnik. Mit einem Geleitwort von Günter Altner. 2000.

Band 5   Stephan Degen-Ballmer: Gott – Mensch – Welt. Eine Untersuchung über mögliche holistische Denkmodelle in der Prozesstheologie und der ostkirchlich-orthodoxen Theologie als Beitrag für ein ethikrelevantes Natur- und Schöpfungsverständnis. Mit einem Geleitwort von Günter Altner. 2001.

Band 6   Katrin Platzer: *symbolica venatio* und *scientia aenigmatica*. Eine Strukturanalyse der Symbolsprache bei Nikolaus von Kues. 2001.

Band 7   Uwe Gerber / Peter Höhmann / Reiner Jungnitsch: Religion und Religionsunterricht. Eine Untersuchung zur Religiosität Jugendlicher an berufsbildenden Schulen. 2002.

Band 8   Walter Bechinger / Susanne Dungs / Uwe Gerber (Hrsg.): Umstrittenes Gewissen. 2002.

Band 9   Susanne Dungs / Uwe Gerber (Hrsg.): Der Mensch im virtuellen Zeitalter. Wissensschöpfer oder Informationsnull. 2004.

Band 10 Uwe Gerber / Hubert Meisinger (Hrsg.): Das Gen als Maß aller Menschen? Menschenbilder im Zeitalter der Gene. 2004.

Band 11 Hubert Meisinger / Jan C. Schmidt (Hrsg.): Physik, Kosmologie und Spiritualität. Dimensionen des Dialogs zwischen Naturwissenschaft und Religion. 2006.

Band 12 Lukas Ohly: Problems of Bioethics. 2012

Band 13 Lukas Ohly: Gestörter Friede mit den Religionen. Vorlesungen über Toleranz. 2013.

Band 14 Uwe Gerber: Gottlos von Gott reden. Gedanken für ein menschliches Christentum. 2013.

Band 15 Uwe Gerber: Fundamentalismen in Europa. Streit um die Deutungshoheit in Religion, Politik, Ökonomie und Medien. 2015.

www.peterlang.de